[redacted]

安倍晋三の敬愛する祖父 岸信介

宮崎学
&近代の深層研究会

同時代社

I

フラッシュバック　岸を倒せ

一九六〇年（昭和三五年）六月一五日——

……ちょうど九時頃、全学連の宣伝カーが、演説の途中だけれども、これから重大な発表を行なうといって「今までに女子学生が一人死亡したことが確認されたが、そのほかに未確認ではあるが、二人の学友が殺されたようである。一人は高校生と思われる」という発表をした。これを聞いて、なかに入っていた学生がワーッという怒りの声をあげ、一方周りにいた警察官はとみに意気消沈したようすであった。それから、宣伝カーのリーダーが、これから殺された女子学生のために一分間黙祷をしたいと思うと宣言すると、学生のなかからは、「警官でも心あるものは鉄帽をとれ」という声がわき起り、リーダーの一人は、警官に対して訴えると同時に、報道関係者のみなさん、どうか帽子をとってほしいと訴えたところ、藤棚のあたりにいたカメラマンの中に鉄帽をとってこれに応ずるのがみられた。警官隊は殆どこれに応じなかったが、ただ本館寄の二、三名の警官が鉄帽を取ろうとした。そこで学生は、警官の中にも鉄帽をとったものがいる、全員とれないはずはない、「警官も鉄帽を取れ」「とれ！　とれ！　とれ！」とシュプレッヒ・コールを、何十回となく続けた。しかし、警官隊は黙然として、ついにこれに応じなかった。そこで、ついにリーダーの一人は、「それでは人間の心あるものたちだけで黙祷しよう」といって、一分間、学生と報道関係者が、そこで黙祷を捧げた。(1)……

……「今まで待ったけれど回答がないから、われわれは国会の正面に行くべく行動を開始しよう」と宣伝カーが呼びかけた。そして、警務部詰所の北側にいた学生たちは、警官のなかを通って行動を開始しようとした。学生たちは警官のなかを通って行こうとした。その時、正面にいたのは滝野川警察・玉川警察等の部隊であったが、その隊は別に強力な措置をとらず、学生たちとやや押し合いのような状況が続いた。そして突如、「かかれ!!」という声がして、本館前にいた第四機動隊および警務部詰所の北側にいた警官隊が一せいに警棒をふりあげ、ふりおろし、学生たちを排除する行為に出た。そして殴打しながら南門の方へ学生たちを追いまくった。……本館東側入口の階段には、多くの報道記者、あるいは一般議会関係者がいたが、それらの人々は口々に「やめろ、やめろ」あるいは「人殺し」などと絶叫して抗議した。学生の一部も警官に押されて、本館入口の方に向った。学生を追った警官隊の一隊は、本館の階段にまで追ってきて、報道関係の記者に対してまで、手で首を絞めるという暴行に出る始末であった。(2)……

……暴力です。警官隊が激しく暴力をふるっております。マイクロホンも警官隊によって、ひきまわされております。（サイレンの音）

警官隊によって今、……首をつかまれております。今実況放送中でありますが、警官隊が私の顔を殴りましたっ。そして首っ玉、ひっつかまえて、お前何をしているんだというふうに言っておりますす。これが現状であります。(3) ……

六月一六日午前零時一八分、緊急閣議が開かれた。

《今回も岸［信介］首相、佐藤［栄作］蔵相は強硬姿勢で、国際共産勢力の陰謀につき、最大限に警察力を動員して制圧し、この旨の強硬な声明を改めて出そうとする。松田［竹千代］文相、人心を鎮める政治の措置が必要と唱える。赤城［宗徳］防衛庁長官は強硬派。楢橋［渡］運輸相、破防法［破壊活動防止法］の適用主張。池田［勇人］通産相、全国から必要な警察官を導入し、カネに糸目をつけず、警備に万全を期せと発言。その声明を政府は改めて出すべしと主張。(4) ……》

深夜まで実況放送をしていたラジオ関東の録音には、ラジオを聞いて駆けつけてきたという女性の発言が収録されている。

「あんまり事態が緊迫しているような気がして、じっと寝ていることができなくて、出て来たわけです。小児科の医者なんですけれども、けが人が多く出たってきいたもんですから、じっとしていられない気持になりまして、（中略）多くのけが人を出すなんて、国の一国の首相たる岸首相が（涙声）どうして反省しないかと思ってまったく不満といいますか、フンマンといいますか、なんという、なんとかしてこれを、国民全体の力で岸さんに反省していただきたい。なんとか退陣してこの事態を収拾していただきたいと思うわけです。[5]」……

（1）海野晋吉ほか『歴史への証言　六・一五のドキュメント』（日本評論新社、一九六〇年）pp.96-97　死亡した女子学生は東京大学文学部の樺美智子であった。

（2）同前 pp.98-99

（3）ＮＨＫ取材班『戦後５０年その時日本は　第1巻』（日本放送出版協会、一九九五年）p.202　これはラジオ関東（現在のラジオ日本）のアナウンサー・島碩弥の実況放送を採録したものである。

（4）同前 p.350　この閣議の記録は、当時の科学技術庁長官・中曽根康弘の手による『安保閣議日記』である。

（5）同前 p.342

安倍晋三の敬愛する祖父　岸信介

◆

目次

フラッシュバック　岸を倒せ
一九六〇年（昭和三五年）六月一五日――　1　……　1

第一章　甦る昭和の妖怪　……　9
「政治的DNA」を頼りに　9　岸信介復権にむけて　11
妖怪と呼ばれた男　17　岸信介の実像　20

第二章　昭和ファッショの思想――岸信介の思想形成　……　26
宿命のパワーエリート　26　上杉慎吉と興国同志会　30
北一輝と国家改造　35　大川周明と大アジア主義　39
昭和ファッショの思想と岸信介　44

第三章　キメラの産業設計者――満州国と岸信介　……　49
農商務官僚としての問題意識　49　産業合理化運動と統制経済への転換　53
満州のための岸、岸のための満州　56　新天地の産業設計――満州産業開発五カ年計画　60
キメラとしての満州国　63　満州における阿片戦略と岸の資金網　67
満州人脈という財産　72　実験場、跳躍板として使われた満州　74

第四章　国家総動員の司令塔――戦時体制と岸信介……81
高度国防国家と東亜自給体制へむけて　81
革新官僚の兄貴分・岸信介　83
民有国営論と私的所有権の制限　87
権威主義的テクノクラートとしての革新官僚　90
日米開戦――勝てると考えていた岸信介　94
岸機関を中心とする国家独占体制――統制会と産業設備営団　98
中国・朝鮮における総動員と内地移入　101
国家総動員の思想　105
絶対国防圏とサイパン陥落　108
岸信介の敗戦　113

第五章　不死鳥の秘密――A級戦犯が総理になるまで……117
巣鴨の岸信介　117
岸信介の東京裁判批判　118
アメリカの対日占領政策と岸のポジション　120
岸信介の利用価値　124
岸信介戦犯不起訴の理由　128
岸信介の大東亜戦争論　130
岸人脈・岸金脈の復活　134
戦後岸政治の原点　139
アメリカの期待と支援　144

第六章　大東亜共栄圏の再興――戦後岸政治の展開……151
岸の政治プログラム始動　151
「名誉なき安保ただ乗り」から双務的軍事同盟へ　153
安保をめぐる歴史的選択肢　157
自立と従属のパラドックス　160
大東亜共栄圏とは何だったのか　168
大東亜共栄圏再興の構図　172
民主か独裁か　179
岸を倒したもの　183

第七章　高度成長の裏面——動きつづけた統制経済マシーン……189
政治の季節から経済の季節へ　189
高度成長を推進した日本株式会社　191
継承されてきた統制経済マシーン　193
賠償ビジネスとアジア進出　197
政治は力であり、金だ　202
岸流正統派の政治資金調達法　205
岸信介のダークサイド　207
職業としての政治　210
大衆を愛せなかった政治家　213
岸復権で試されているもの　216
第八章　虎を画いてならずんば——安倍晋三は何を継ぐのか……220
岸信介と安倍晋三　220
目立たない若者　221
安倍晋三「わたしの原点」　224
「闘う政治家」なるもの　226
何が安倍晋三を駆り立てるのか　231
劇場と化した時代に　236
凡庸の危うさ　238
安倍晋三と〈安倍的なるもの〉　240
参考文献　244
むすびにかえて　グッドバイ劇場型政治　宮崎学　249

第一章　甦る昭和の妖怪

「政治的ＤＮＡ」を頼りに

安倍晋三が総理大臣になった。

「闘う政治家」をキャッチフレーズに「自信と誇りのもてる日本」を掲げて総理になったこの男には、実はほとんど政治的実績がない。北朝鮮拉致問題で強硬姿勢をとって世論の喝采を浴びたのが唯一の実績らしい実績なのである。だから、実は彼には自信がない。そのあらわれが「闘う」ポーズであって、それを前面に立てることによって懸命に自信のなさを見せまいとしているのがわかる。斜め上を見ながら早口になるときなど、それがちらちらと見えてしまう。

そんな彼が、しきりに押し出そうとしているのが「政治的ＤＮＡ」なるものである。安倍＝岸一族の血脈を政治的に受け継ぐ嫡子であるというのだ。彼には「自信」はないが「誇り」はあったのだ。血脈の誇りが。特に強調しているのが岸信介の孫だということで、それをもって、岸が描いたビジョンを受け継いで、それをついに実現するのは自分である、ということを政権の正統性に仕立てようとしている様子である。

彼にとって「闘う政治家」のモデルとは岸信介であり、その「自信と誇り」はその孫であることに求められているのだろうか。

それが安倍晋三の頼りとするところなのであり、彼が岸信介にならおうとしているのであるならば、私たちはその当の岸信介という人物がいかなる存在だったのかというところにもどって、その「闘う政治家」の中身、「自信と誇り」の中身を検証していかなければならない。

ここには、イメージ操作をめぐる二つの相がある。

一つは安倍晋三のイメージ操作である。

それは、血のつながり、血統ということを価値とする観念で、その背景には、一九九〇年代以降に進行してきた社会の成層化（social stratifying）がある。世に言われる「勝ち組・負け組」がはっきりして固まり、上流と下流が固定していく傾向がそれで、勝ち組の子は勝ち組で上流社会を形づくり、負け組の子は負け組で下流社会に落ち込んでしまうという階層秩序がふたたび出来上がってきているのだ。このようなところから、生まれの良さ、いわゆる毛並みというものを尊重する意識が社会的に醸し出されてきている。安倍が「再チャレンジが可能な社会」を打ち出しているのも、逆に、それだけ成層化が進んでいる証拠なのである。そして、安倍晋三自身は、血統、生まれに寄りかかってイメージアップしようとしているのだ。

もう一つは、岸信介のイメージ操作である。

というのは、安倍晋三に岸信介の再来をむりやりにも見させることによって、岸信介が追求した政治路線を復活し、実現しようとする政治的戦略が、安倍晋三個人を離れたところに存在しているのではないか、と思われるからである。つまり、安倍晋三にはいくら実績がなくてもいい、政治的手腕が未知数でもいい、シンボルになってくれればいいということである。こうしたことを考えている部分にとって問題なのは、安倍晋三のイメージではなくて、岸信介のイメージなのだ。彼らにとっては、安倍晋三の大衆的人気に乗って、岸信介のイメージを塗り替え、それによって岸が描いたビジョンを受け入れやすくさせることが目的となっているのだ。

こうした二相のイメージ操作の上に成り立っているのが「政治的DNA」という用語で、それによって人気はあるが頼りない安倍を岸の巨魁イメージで補い、頼りになりそうだが人気がない岸の路線を安倍の人気でカモフラージュしようというわけなのである。

さて、それでは実際に安倍は、岸についてどういう発言をしているのだろうか。それをざっと見ておくことにしよう。

岸信介復権にむけて

ここに安倍晋三がおこなった三つの対談がある。おこなわれた順に挙げると、

①　福田和也との対談「岸信介の復活」（『諸君！』二〇〇三年九月号）
②　岡崎久彦との対談『この国を守る決意』（扶桑社、二〇〇四年一月刊）
③　猪野直樹との対談「日本よ、『新しい国へ』！」（『週刊ポスト』二〇〇六年一月一三・二〇日号）

の三つだが、これらのいずれにおいても岸信介の再評価と岸路線の継承が語られている。

岸のどのような点を再評価し、何を継承しようというのか。いくつかに分類して安倍の肉声を聴いてみることにしよう。

〈壮大なビジョンとデザインにもとづいて使命感をもって行動した〉

祖父は、国内にあってそのまま商工次官になったのではなく、商工省を辞めて、いろいろな仕組みも前例も少ない満洲で国づくりをやった経験は非常に大きなものがあったと言っています。「満洲国産業開発五カ年計画」の立案などに深く関与し、若くして満洲国の経済政策を指導したことによって、本省にそのままいたよりは一味違った人間に成りえたとの自負があったようです。……商工省でも自分のデザインを描こうとして、上司である商工大臣小林一三さんの考えと合わずに衝突してしまい、辞任しました。……大臣と次官が国の方針をめぐって真正面からぶつかるというのは今ではなかなか考えられないことですが、当時は、それぞれが気宇壮大なビジョンを持って、それを戦わせあった時代だったと思います。（① p.23）

祖父は明治二十九年という日清戦争のすぐあとに生まれ、日本が富国強兵の路線をひた走って大きく飛躍する栄光の時代が青春であり、若き日の人生そのものでした。祖父にとって、わが国の形は、皇室を中心とした伝統を守りながら、農耕民族として互いに助け合っていく、というものでした。たとえ多くが反対していようが、「国と国民を守るためならば断固としてやりぬく」という使命感を持っていました。いま自分が為すべきことは為し遂げるという強烈な使命感を持っていたと思います。（②p.187）

祖父はいわば地方の名家に生まれたエリートでした。官僚時代には確かに米国から大きな影響を受けている。けれど東條内閣の一員だったことで終戦後、巣鴨の拘置所に入れられる。当時、祖父が母に出した手紙を見ると、非常に屈辱的な体験が書いてあります。自由と民主主義を掲げていた米国から極めて人種差別的で人権など無視した扱いを受けるんですね。敗戦に対する責任をとるため、自ら死を選んだ方もいた。ただ、祖父は自分の責任の取り方としてもう一度、この国を蘇らせたいと思って、自分のグランドデザインを持って国政にあたった。それ自体に対する評価は人によって異なるかもしれませんが、私は敬意を払うべきものだと思っています。（③）

〈高度経済成長は岸の統制経済的政策がもたらしたものだ〉

［高度成長は岸時代に基盤がつくられたという福田発言に対して、それを肯定し］向こう〔アメリカ〕だって自由経済そのものでやっているわけでもない。結構ダブルスタンダードで、全面的に真に受けるのも考えもの……今は、祖父の時のような経済政策がそのまま適合する時代では

ないでしょうが、内外のさまざまな新しい経済モデルを参考にしながら日本の現状に合わせたものにしていくことは十分可能だと思います。（① p.31）

私も最近知ったのですが、岸内閣の経済企画庁長官は当時から高度経済成長なるものを演説で語っているんですね。満州で試みたことを参考にして計画経済的な所得倍増計画に近いものを景気対策としてつくっていた。（③）

〈日本の自立のために安保改定をやった〉

あの時［一九六〇年の安保改定のとき］は左右両方から「まるでアメリカに尻尾を振っているのではないか」と攻撃されるわけです。でも実態はもちろん違う。祖父は改定によって日本の安全を確保し独立度を高めていかねばという気持ちから改定に臨んだんです。……その結果、新安保条約では……旧安保条約に比べれば辛うじて双務的な方向に一歩進んだといえる改定ではあったと思います。勿論祖父としては、次の世代が、より双務性を高め、日米の絆を一層高める対等な関係になっていくようにしてほしいと願っていたに違いないと私は理解しています。（① pp.26-27）

祖父としては、「このままでは日米の軍事同盟は長続きしない。これは片務的であり、全く対等ではない。より双務性をもたせて、持続可能なものにしなければいけない」という考えでした。……祖父は、日本の国民は安保改定を歓迎すると思っていました。旧・安保条約より改定後の安保条約のほうが明らかに日本にとっていいわけですし、対等に近い形になっています。……しかし、それが大変な非難を浴びたわけです。……その意味では、安保改訂は辛い仕事でしたが、祖父にとってはそれ以外選択肢はなかったし、「百万人といえども我ゆかん」の自負と覚悟で、政治生命をかけての歩みでした。（②pp.188-189）

巣鴨での体験もありますし、アメリカと対等になりたいという思いは強かったんですね。1951年の旧安保条約は在日米軍の駐留を許すのみで、防衛の義務は記されていない片務条約。とても平等といえるものでなかった。これを日本の言い分が通るようにしていかないと外交の芯はできないと考えた。だから基地を置く代わりに防衛義務を明記しようと改定に動いた。戦術的に共産主義革命の危険を説いて、内容について米国側に譲歩させました。本人にしてみれば「何で反対されるんだ」という気持ちがあったようです。ただ、岸信介は東條内閣の一員だったわけですし、小泉さんのように国民の人気を得ながらひきつけていくという手法をまったくとらなかったので大変なアレルギーが起こってしまった。（③）

〈貧しい人たちの味方だった〉

あまり知られていないことですが、岸内閣当時、最低賃金制度と国民年金法を成立させています。……戦前から祖父が考えていた政策、つまり国民の生活を保障し民生が安定してこその国家という認識にそった上での制定だったといえます。……英国のチャーチルも、保守党の若手議員の時に、保守党政権が労働者階級に対しての保障を十分に行なっていないからとか、保護貿易主義に偏っているという理由で一時脱党して自由党に移っています。……おそらく、祖父もチャーチルに似た歴史観なり民衆観を持っていたんじゃないでしょうか。……祖父の場合は、それ［貧しい人たちの困窮］を作りだしている国家自体を改造していくことで、貧しい人々を助けようと権力に近づいていくわけですね。（① pp.24-25）

〈責任倫理に基づいて行動していた〉

［大野伴睦に政権を譲るとする念書を交わした問題について］私はその後、読んだマックス・ウェーバーの『職業としての政治』で、「祖父の判断はやむをえなかった」との結論に至りました。祖父の判断は、心情倫理としては問題があります。しかし、責任倫理としては「吉田安全保障条約を改定する」という課題を見事に成就しています。とくに政治家は、結果責任が問われます。政治家は、国益を損なうことなく、そのせめぎ合いのなかでどう決断を下していくか――ということだろうと思います。（② p.195）

これは、これまで懐かれてきた岸信介のイメージとは相当に違うものだ。

ここで言われていることは、以前には岸批判の材料だったものにプラスの符号をつけなおしたものである。満州経営についても、安保についても、念書問題にしても、戦後経済政策についてもそうである。

また、戦前に岸がおこなってきたことについてほとんどふれていないことは別にしても、戦後に岸が執念をもって追求してきた大きな課題でふれられていないものがいくつもある。たとえば、改憲がそうだし、反中国（反共）がそうだし、アジアへの経済進出がそうだ。そして、実は、むしろ、そういった課題において、安倍は岸を継承しようとしているように思われるのである。

だから、我々は、ここで、岸信介とは何者であったのか、何をめざし、何を実行した人物だったのか、をあらためてふりかえってみなければならない。

妖怪と呼ばれた男

「岸はどちらかといえば小男で、肉がしまり、サヨリのように細っていた。その上にいやに細長いガン首を載せていた。優男ともいうべき型だが、顔のまん中に、大きく飛び出した眼玉が光っているので、却って妖怪的の印象を与えた。北欧あたりの海の底に棲む妖精に、あんな顔があったのが想い出される。一見してただものでない感じである。少なくも油断のならないツラつきである。この顔で他人を警戒させることにより、損をしたこともあろう。しかしまたあのツラつきが、大いに、用ゆべしということになれば、彼にとって大事な財宝ということもできた。

弟の栄作は、目眼の大きく光っている点では、よく似ていた。だが異相においては、兄貴の信介の比較ではなかった。一般に人好きのする通俗性は、栄作にある。人を魅する妖怪的邪視力は、信介にあった」

これは稀代の毒舌家で「インテリ忠治」という仇名のあったジャーナリスト・阿部真之助が書いた「岸信介論」の一節だ。(1)

岸信介は、容貌がただものではないだけでなく、口を開いても、その妖怪じみた論理で人を惑乱した。作家の伊藤整は、巣鴨プリズンから出てきたばかりで政治活動を始めた岸が、新聞記者から「戦犯で追放解除されたものが日本の再建などを口にするのはどういうものか」と詰問されたときに答えた言葉を取り上げて、その巧みさに舌を巻いている。(2)

「私は巣鴨生活で過去一切は清算した積もりだ。したがって自分としてはその資格はあると思う。他から東条内閣の閣僚だとか軍の手先だとか言われるかも知れない。それはある程度事実なんだから止むを得ないが、現在の自分の気持としては元商工大臣とか翼政総務とかそんな過去の経歴にこだわる気持は毛頭ない」

と岸は答えたのだ。

伊藤は、この発言をこう解剖する。

「これは、日本語の表現として非常に巧みなものである。追いつめられて吐いた言葉でありながら、逆に前に乗り出した言葉である。『過去一切』を巣鴨で『清算』したというのは、正確には切棄てたという意味であるが、何となく罪をつぐなってしまった、という感じも漂う、『清算』という帳簿上の術語は、このように罪は洗われたという意味に使われる。彼はそう使っている。そして、それ故に自分は日本の政治再建を企てる資格がある、と飛躍する。日本語の曖昧さを実にうまく使っている。そう言っておいてから、軍の手先だったのは真実だ、と事実に即したところへ一歩退く。だが最後のところを注意して読むべきである。商工大臣、翼政総務だったことにこだわらない、というのは、もとの高い身分を自分の既得権として持ち出す意志はない、という意味である。即ち、持ち出す意志がないというのは、それを主張しないが、それは事実であったから、人は認めるであろうが遠慮するというのだ。ところが、その元の地位なるものは、すぐその前に言っている非難される地位なる『東条内閣の閣僚だとか軍の手先』というのと同じものなのだ。非難されるのは当然だ、と言っておきながら、そんなに元の高い地位を気にかけないでくれ、と世間が自分を高く評価するものと予定して遠慮しているのだ。

『こだわるつもりはない』というのは罪にこだわる、というのと、高いもとの地位にこだわるというのと、両方にかけ、後の方にうまくしぼってしまった表現である。相手の方は、どう致しまして、やっぱりあなた様は元商工大臣です、と言わねばならないところまで持って行ってしまう言い方である」

聞いたとたんには何でもないように聞こえるけれど、実は日本語の特性をうまく使って、客観的評価と主観的主張を二重写しにしながらすりかえていく。油断のならない妖怪である。

そして、実際、岸信介は「昭和の妖怪」と呼ばれた。

この岸信介とはほんとうは何者であったのか。その経歴を客観的に記述して、実際に成し遂げた実績を整理することから始めることにしよう。

岸信介の実像

岸信介は、一八九六年(明治二九年)、佐藤秀助・茂世《もよ》の次男として山口県田布施(現在の柳井市)に生まれた。長州人である。田布施から一〇キロ圏内に戦前の日本共産党の指導者・市川正一、戦後に書記長・委員長を務めた宮本顕治が生まれているのは興味深い。また、一九二三年(大正一二年)摂政宮を狙撃するいわゆる虎の門事件を起こした難波大介もそうである。さらには、戦後「踊る神様」として一世を風靡した天照皇大神宮教教祖・北村サヨも同じ村の生まれであることを考え合わせると、田布施は岩川隆が言うように「ふしぎな〝文化盆地〟(3)」に見えてくる。

秀助は岸家からの入り婿だったが、信介は中学三年のときに父の生家の養子となり、佐藤姓から岸姓に変わった。佐藤家と岸家は別掲の図(28〜29頁)に見るように、政・官・財にわたる広範な閨閥をなしているが、その始まりは信介のころから見られ、一族の固い結びつきと協力関係を通じてエリート信介が形づくられていったのである。

山口中学をほとんど主席で通して卒業した信介は、第一高等学校を経て、一九一七年(大正六年)に東京帝国大学法科大学に入学した。一九一七年といえばロシア革命の年であり、翌一九一八年には米騒動が起こって、寺内正毅内閣が崩壊、門閥内閣を打破した原敬内閣が成立している。日本社会では、民衆の政治参加意欲が高まるなかで、いわゆる大正デモクラシーの運動が展開され、東大でもこれに呼応して一九一八年に学生らが思想運動団体・新人会を結成して、「現代日本の合理的改造運動」を目標に活動を展開していった。法科では、新人会の発起人で大正デモクラシーの主導者・吉野作造と天皇機関説を唱える憲法学者・美濃部達吉が人気を集めていたが、信介は、むしろそうした傾向に反撥し、機関説を批判して天皇主権説を唱える憲法学者・上杉慎吉に師事した。そして、民法学専攻を選んだ我妻栄とつねに首席を争い分け合う優秀な成績を続けた。

一九二〇年（大正九年）、首席で東大を卒業した岸信介は、官僚志望者が等しくめざす内務省や大蔵省ではなく、農商務省に入った。当時、農商務省は、第一次世界大戦を契機に興ってきた重化学工業の発展を促進し、日本の経済構造を変革する役割をになっていた。岸は、抜群の成績と有能さをもってたちまち省内で頭角を現し、一九二五年（大正一四年）に農商務省が商工省と農林省に分割されてからは、商工省に移り、やがて先輩の吉野信次に重用されて、商工省を二人でリードしていくことになる。

商工省で岸を有名にしたのが、一九二九年（昭和四年）の官吏一割減俸反対運動で、岸は反対者の辞表をとりまとめて、これをバックに商工大臣・俵孫一と直談判して、事実上撤回させ、「商工省に岸あり」という評判をとった。このように十分な計算の上に立って反権力的な行動をとってみずからの地位を高める手法は、その後何度か見られるものである。

商工官僚としてアメリカを視察した岸は、アメリカ経済の巨大さに圧倒され、一種の反感を持つ。

そして、ヨーロッパを視察した際に、第一次大戦からの復興に苦しむドイツ経済を見て、その産業合理化運動に強い印象を受ける。そして、アメリカ風の自由主義経済ではなく、ドイツ風の統制経済によってこそ日本の重化学工業化が実現できると確信し、吉野とともに一九三一年（昭和六年）の重要産業統制法、工業組合法、翌一九三二年（昭和七年）の商業組合法などの経済統制法を成立させ、統制経済の旗手と見なされるようになった。

岸の統制路線と手腕に注目した関東軍は、みずから経営に当たっていた満州国に岸を引き抜いた。一九三六年（昭和一一年）、満州国産業部次長（部長は傀儡の満州人だから、産業行政の事実上のトップ）に就任した岸は、満州国産業開発五カ年計画の実行に辣腕を発揮した。(4) 特に重要なのは、日本から新興財閥の日産を満州に招致して満州重工業開発株式会社を設立したことで、これによって五カ年計画の実行は飛躍的に前進した。満州の産業建設は岸によって軌道に乗ったと言っても過言ではない。

一九三九年（昭和一四年）、商工省にもどった岸信介は、次官となり、自由主義経済論者の小林一三大臣と衝突して辞任、しかし、一九四一年（昭和一六年）、東条英機内閣に商工大臣として入閣した。東条は、満州時代に関東軍参謀長として岸とつきあった満州人脈の一角であった。岸は、同年の日米開戦に当たって、これに賛成し、開戦の詔書に副署した。そして、商工大臣、のちには軍需省次官（形式的には東条が大臣を兼任していたためで、事実上の軍需大臣）として国家総動員体制の産業・軍需部門の最高責任者として戦争遂行に当たった。

戦争末期の一九四四年には、サイパン島陥落にともなう戦略変更をめぐって東条と対立し、閣内不一致で内閣総辞職を引き出すことになった。これを「抵抗」と見るか、「先物買い」と見るかは評価の分かれるところである。

一九四五年（昭和二〇年）、敗戦によって岸信介はA級戦犯容疑で逮捕され、三年余の拘置生活を余儀なくされたが、一九四八年（昭和二三年）一二月、不起訴となって釈放された。巣鴨に収監されていた間の岸は、大東亜戦争は日本の自衛戦争であって侵略戦争ではない、戦争指導者を逮捕したり裁判にかけたりするのは不当だと主張し、共産主義の脅威が拡大しているのに対し日米は共同で対抗すべきだと訴えていた。

釈放後、箕山《きざん》社に拠って戦前来の岸人脈を結集すると、公職追放が解除された一九五二年（昭和二七年）から日本再建連盟を結成、政治活動を再開した。翌一九五三年（昭和二八年）には右派社会党入党を考えたが許されず、自由党に入党、年来の憲法改正の持論を買われて憲法調査会会長に就任した。以後、新党促進協議会、新党結成準備会などの中心になって保守合同を企て、この企てが一九五五年（昭和三〇年）の自由民主党結成として実を結ぶや、同党の幹事長に就任した。

このようにして戦犯釈放後数年を経ずして保守政権党のトップにのし上がった岸信介は、一九五六年（昭和三一年）一二月、自民党総裁選において僅差で石橋湛山に敗れ、石橋内閣外務大臣に就任したが、石橋の病気による辞任で翌一九五七年（昭和三二年）二月、ついに内閣総理大臣に就任したのである。

岸政権の目標は日米安保条約改定に置かれ、「日米新時代」を強調して、アメリカ側と折衝を続けた。同時に、翌一九五七年（昭和三二年）五月から六月の東南アジア六カ国歴訪を手始めにアジア各国との経済協力を推進し、「アジアの盟主・日本」をめざす政策を進めていった。また、国内問題では、教員勤務評定の徹底を図って日教組の激しい勤評反対闘争を呼び起こし、大衆運動取り締まりのために警察官の権限の拡大・強化を図る警察官職務執行法改正案を提出し、全国的な大きな反対運動が巻き起こった。

一九六〇年（昭和三五年）、安保反対を掲げて史上空前の大衆運動が展開されたが、六月一九日、三三万人のデモ隊が徹夜で国会を包囲するなか、新安保条約は自然成立した。しかし、岸は退陣を表明せざるをえなかった。

辞任後も、岸信介は、岸派の後継派閥である福田派と川島派に大きな影響力をもち、また日華協力委員会代表、日韓協力委員会代表として、台湾ロビー、韓国ロビーを運営したのをはじめ、アジア諸国との関係の表面・裏面の両方で影響力を行使した。一九八七年（昭和六二年）、九〇歳で死去した。

＊

このように岸信介は、戦前は時代の最先端を行く革新官僚の中心的存在として辣腕を謳われ、戦後は、一時はA級戦犯として収監されながら復活して総理大臣にまでなったが、今度は、戦前とは一転して、時代の流れである戦後民主主義に逆らう反動として非難を浴びたのであった。そして、その特異な存在感から「昭和の妖怪」と呼ばれた岸信介は、首相を退いたあとも最後まで政財界の裏で妖怪じみた黒幕として存在しつづけたのである。

退陣後四〇年たって、さすがに忘れられたかに見えた岸信介を復活させたのは、岸派の末裔派閥に当たる森派に属する小泉純一郎の総理就任であった。そして、小泉政権は、日米関係と憲法改正において岸政治路線を部分的に再生させ、これにのって「グッバイ、永すぎた『戦後』　岸信介の復活」[5]という岸復権コールが起こったのだった。そして、安倍晋三の総理就任によって、いまや岸政治路線の全面復活がめざされているかに見えるのである。

(1)　藤島宇内「岸信介氏における〝戦争犯罪〟の研究」、『潮』一九七二年八月号 pp.246-247
(2)　伊藤整「岸信介氏における人間の研究」、『中央公論』一九六〇年八月号 p.175
(3)　岩川隆『巨魁　岸信介研究』（徳間文庫、一九八二年）p.15
(4)　先に引用したように、安倍晋三は岸が「『満洲国産業開発五カ年計画』の立案などに深く関与し」たといっているが、これは事実ではなく、計画そのものの立案は石原完爾が中心になって宮崎正義らが策定したもので、岸は直接タッチしてはいない。岸信介・矢次一夫・伊藤隆『岸信介の回想』（文藝春秋、一九八一年）p.21 参照。
(5)　先に引用した安倍晋三・福田和也対談「岸信介の復活」を掲載した『諸君!』二〇〇三年九月号の特集タイトルがこれであった。

第二章　昭和ファッショの思想

——岸信介の思想形成——

宿命のパワーエリート

岸信介は生まれながらに権力エリートたるべきことを宿命づけられていた。
岸自身がこう語っている。

「佐藤家は貧乏でこそあれ家柄としては断然飛び離れた旧藩時代からの士族で、殊に曾祖父「佐藤信寛」の威光はまだ輝いて居ったのである。又叔父、叔母、兄、姉などが何れも中学校、女学校に入学し、所謂学問をする殆ど唯一の家柄だったのである。……松介叔父、寛造叔父、作三叔父、市郎兄及私と弟の栄作とは国木小学校の出した最も勝れた秀才であった」

「佐藤の子供だというので自然に一目も二目も置いてつき合われたので、いい気になって威張って居た傾きもあった」[1]

佐藤信寛は、吉田松陰と親交があり、伊藤博文、木戸孝允らと深く交わった志士的政治家であった。この曾祖父の「信」の一字をとって名づけられたという信介は、この曾祖父への尊敬と憧憬を幼いときから植えつけられた。そして、その頭脳の明晰さを認めた一族全体の手によって、一族の輿望と門閥の誇りを担い、信寛の道をさらに切り開くエリートたるべく育てられたのである。母茂世の教育は、それを徹底的に実現しようとする厳しいものであった。岸家に養子に行ってからは、この一族のサークルに岸家の系譜が加わってさらに広がった。そして、叔父の佐藤松介、吉田祥朔らの家で寄宿させられ、さらに勉学に励むことになっていく。

しかも、岸信介は抜群の学業成績を上げて、これに応えることのできる秀才だったのである。彼が、自分は一般大衆はもちろん凡百の才子とも区別される特別な人間であり、それにふさわしい使命を果たさなければならないという自負と野心に燃えたエリート意識を蓄えていったのは当然であったろう。

そして、佐藤家、岸家をはじめとする長州の士族には、物事はすべて権力を通じて実現されるとする政治志向が強いのが特徴である。この権力志向がエリート意識と結びつくとき、そこに出てくるのはパワーエリートへの途以外のなにものでもなかった。

岸はのちに、「権力欲というかそういうものが人間には相当本質的に強いものがあるね」といい、「権力欲が悪いわけではない。自分の理想や考えを実現しようとすれば、その実現に必要な権力が伴わなければ駄目です(2)」とのべているが、このような権力観は、政治家としての経験から生まれたものではなく、それよりずっと以前から育まれてきたものなのである。

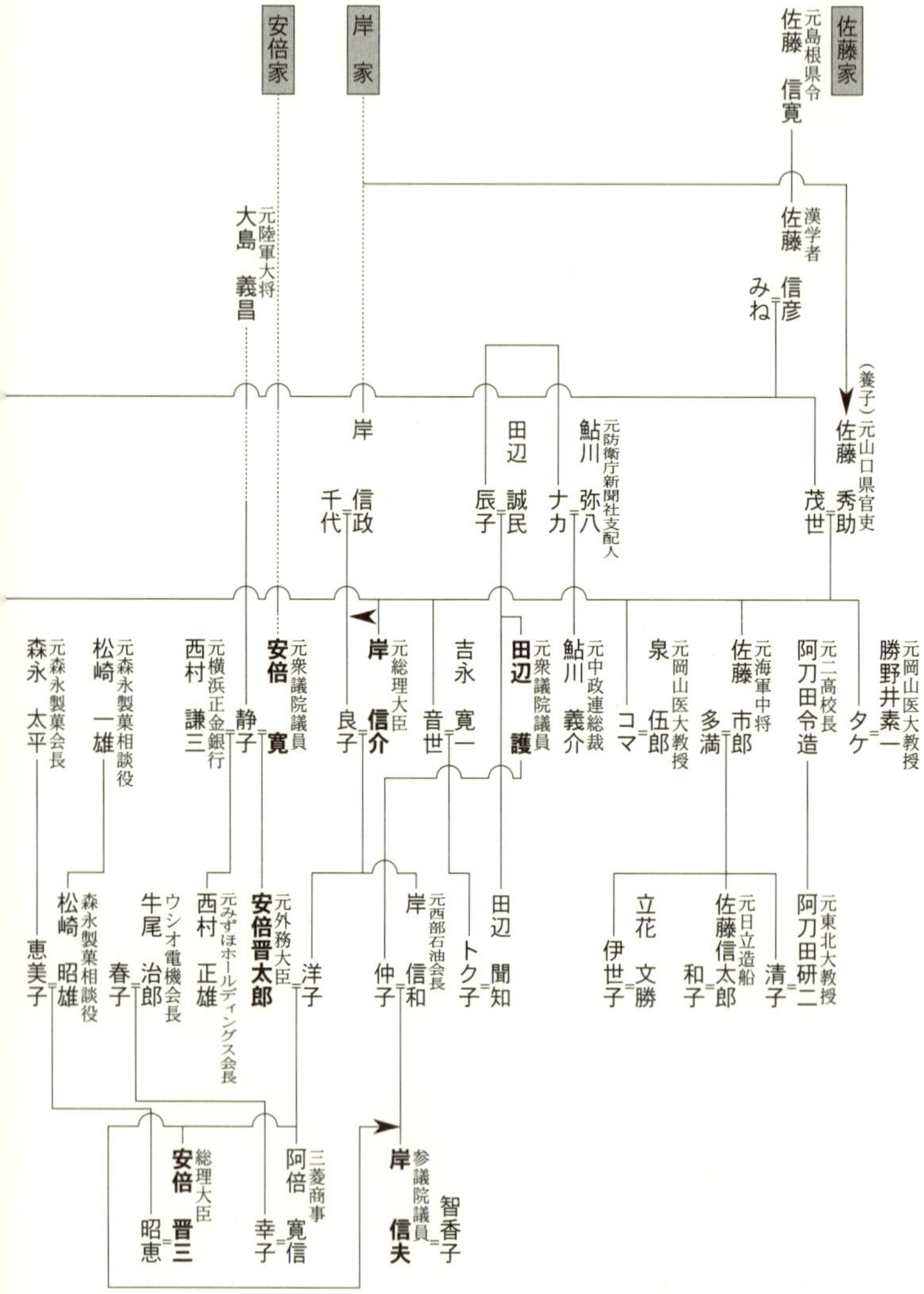

出典：山際澄夫『安倍晋三と「宰相の資格」』小学館文庫，2006年
により，肩書きの一部を修正

安倍・岸・佐藤家の系譜

＊太字は政治家

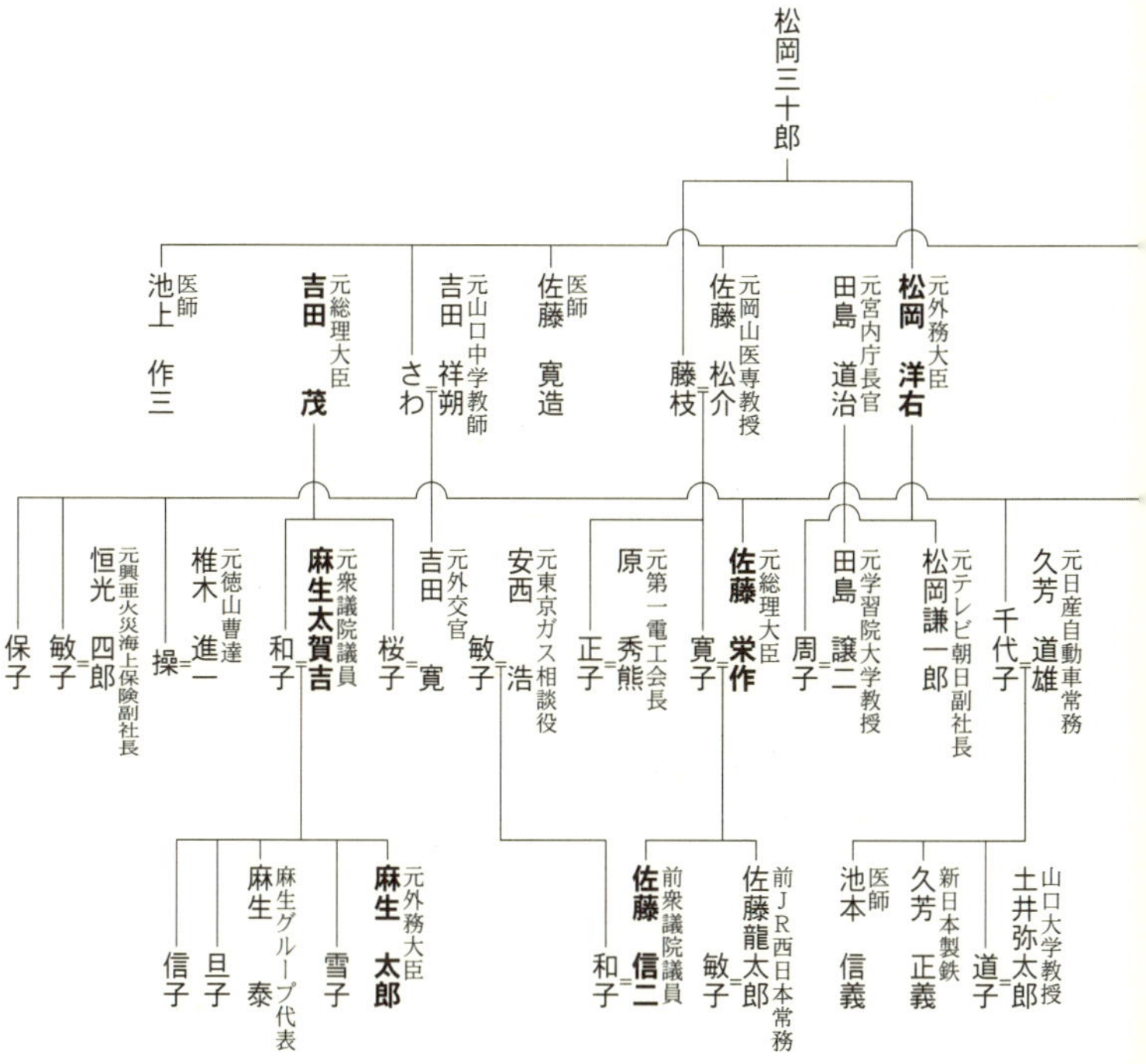

そして、それは一種の身分意識として根づいていたから、構成員自身による自己統治という民主主義の感覚とは根本的に相容れないものがあった。そこから、国民・大衆はあくまで統治の対象としてしかとらえられないという意識構造にあらかじめなってしまっていたのである。その意識構造は、みずから民主政治を唱えるようになった戦後を含めて、終生変わることがなかった。このことについては、のちに具体的に見ることになるだろう。

上杉慎吉と興国同志会

そんな岸信介が東京帝国大学に入学した一九一七年（大正六年）は、ロシア革命が起こった年であった。そのころは、インテリゲンティアの世界でマルクシズム、アナキズム、あるいは民本主義といった新しい社会思想が積極的に受容され、学生の間でも熱く語られていた時代である。

岸信介もそうした新思想にふれたが、これには動かされなかった。

「『資本論』はむずかしかったよ。一応は読みました。マルクスとエンゲルスの往復書簡などはとにかく読みましたよ。でもね、（これらの著作は）どうも根本的に初めから（自分と）相容れないものでしたね(3)」

と語っている。

そんな岸信介が惹かれたのが、天皇主権論者の憲法学者・上杉慎吉の思想だった。上杉慎吉は、天皇機関説の美濃部達吉との間に天皇機関説論争を展開して、同じ東大の憲法学を主権説と機関説とにまっぷたつに割った学者である。美濃部機関説を支持する側は、「人類の解放」と「現代日本の合理的改造」を掲げる思想運動団体・新人会につながり、上杉主権説を支持する側は、国粋主義団体・木曜会（のちの興国同志会）につながった。岸信介は、進歩的と見られる美濃部ではなくて頑迷固陋と見られる上杉を選び、トレンディな新人会ではなく、少数派で硬派の興国同志会を選んだのである。

ところが、上杉慎吉は、今日、君権絶対の国粋主義を鼓吹した反動右翼というようにとらえられているが、そうしたとらえかたはかならずしも正しくない。そこを見ておかないと上杉に傾倒した岸の実相もとらえられないだろう。

上杉は、青年時代、思想的な悩みを悩み抜いた末、「耶蘇教」つまりキリスト教に傾倒したことがあった。彼は一九〇六年（明治三九年）にドイツに留学する。そして、国法学者ゲオルク・イェリネクの家に下宿し、イェリネクの直接の薫陶を受けた。美濃部学説は実はイェリネクの影響を大きく受けたものなのだが、その本家本元というべきイェリネク国法学を上杉は直接吸収しているのである。したがって、上杉はもともと天皇機関説だったのだ。それどころか、このときのドイツ留学中にはジュネーヴなどに立ち回っては「露国あたりの無政府党員と交際をし」て警察に逮捕されたりしていたのである。

その上杉が、ヨーロッパの地にあって、ヨーロッパ思想とあらためて本格的に格闘することを通じて、ふたたび大きな思想的懊悩にとらわれるのである。上杉が若き日にその姿勢に傾倒したように、ヨーロッパ人は、唯一神という絶対的な主体につらなるものとしてみずからを立てることができる。

それが近代世界を切り開いてきた原点だ。しかし、日本にはそれがない。それでは、日本は近代世界に伍することができない。どうしたらいいのか。

そこで上杉は、なんとかしてヨーロッパ思想の背骨《バックボーン》にあるキリスト教の唯一神に代わるものを日本において見出そうと苦闘する。そこで到達したのが「天皇」であった。天皇を無限絶対の主体となすことによって、日本人もみずからをそれにつらなる主体として立てることができる。天皇をキリスト教唯一神に対抗する神としよう。そうすれば、この無限絶対の主体としての天皇と交流し合体することによって、有限をもって無限と合一することができる。

一九〇九年(明治四二年)、上杉は別人となって日本に帰ってきた。(4)

このようにして、上杉慎吉は、師の一木喜徳郎《いちききとくろう》の学説をそのまま継承して天皇機関説を唱えた美濃部達吉とは違って、みずからの思想的格闘の末に天皇機関説の理論的バックである法実証主義を捨てて、みずからを主体的に立てようとして天皇主権説に転向したのだ。

こう見てくるならば、上杉の天皇主権説、それに惹かれた岸信介を、多くの人たちが「反動的国粋主義」「儒教的、日本主義的な価値体系を基盤とする国粋主義」(5)などと評しているが、それはいささか違うのではないかと思われてくる。上杉は、幕末期国学のように復古主義的に天皇にもどったのではなく、むしろ近代的主体を立てるために、近代天皇制を再評価したのである。上杉の天皇主権説はそのような性格のものだったから、彼は、天皇主権説に立ちながらも普通選挙制を主張し、熱心に普選運動をおこなったし、治安維持法についても、「国体の変革」と「私有財産制の否認」を同列視することを鋭く批判して反対したのである。

岸信介が心酔したのは、この上杉慎吉なのである。だから、岸は興国同志会には入ったけれど、幕末尊皇の志士のように復古的に国粋を叫ぶ同輩の学生とははっきりと一線を画していたのである。その一線をより明確にして、岸が興国同志会を離れたのは、森戸辰男排斥事件のときであった。一九二〇年（大正九年）、前年暮れに森戸助教授が発表した「クロポトキンの社会思想の研究」が興国同志会から「危険思想」として摘発され、森戸が「朝憲紊乱」の容疑で逮捕された事件である。岸は森戸排斥に反対した。

「僕はね、共産主義、社会主義には反対だったのだが、しかし頑固な国粋論にはどうもついていけなかった。このとき、興国同志会を牛耳っていた人々は、何というかな、融通のきかない頑固一点張りの考え方でした。……彼らは自分たちとは違う思想を頭からいっさい理解せず否定してしまうんだよ。これには僕はついていけなかった[6]」

と岸は語っている。

岸信介に日本主義・国粋主義・天皇主義の考え方がなかったわけではもちろんない。むしろ、それは、長州人・岸信介の精神的アイデンティティの要素になっていたといっていい。岸は語っている。

「叔父に萩に連れて行かれて、明治維新の雰囲気に触れて松下村塾をはじめとする維新の事跡をみせられました。その影響が私の後々の人生観の基礎をなしていることは確かです。自分の行動は、そういうところから来ていると思うんです。私の国粋主義なんていうのも、もとを辿れば、やはり萩が与えた影響ですよ[7]」

それは論理を超えたものであった。そうであるから人生観の基礎にもなった。だが、それを何もかも情緒的に入れあげてしまうウェットな日本讃美・天皇崇拝として自然成長するがままにしておくのではなくて、むしろそういった粗放な感情にまかせておくことに嫌悪感をもち、近代世界に適合するために合理的に考えられたドライな国家主義・近代的国体意識に洗練していくことが必要だと岸は考えていたのである。

この興国同志会脱会に関連して、それは岸が「私有財産を否定するマルクス的社会主義にある種の共感をもっていたからである[8]」とする学者もいるが、岸は自分でも言っているように「マルクス的社会主義」には「根本的に初めから相容れないもの」を感じていたし、「共産主義、社会主義には反対だった」のである。

確かに岸には私有財産制維持の考えはなかった。

「私には私有財産制というものを維持しようという考えはなかった。……国体とか天皇制の維持は考えるけど、私有財産制を現在のまま認めなければならないとは思っていなかった[9]」

と当時の思想について語っている。

しかし、それは上杉も同じであって、私有財産制と国体とを別のものと考えるべきだという点を力説したのは、むしろ上杉慎吉のほうが先なのである。それが上杉の治安維持法批判の中心的な論点であった。そして、上杉においても、岸においても、その私有財産制批判は、けっして「マルクス的社会主義」への共感などではなく、彼ら自身の国体論そのものに内在する論理だったのである。

北一輝と国家改造

岸信介が学生時代に上杉慎吉以上に大きな影響を受けた人物は、北一輝であった。

「大学時代、理論的に共鳴したのは北一輝です。彼の『国家改造案（原理大綱）』……が秘密出版されたとき、僕は夜を徹して筆写したことを覚えています[10]」

北一輝の『国家改造案原理大綱』が大川周明の手によって上海の北のもとから国内に運び込まれ、謄写印刷した少部数が回覧されたのは、一九一九年（大正八年）のことであった。岸は三年生である。この著作は翌年一月には刊本として発行されないまま発禁処分を受けている。岸が徹夜で書き写しまでしたこの著作には何が説かれていたのだろうか。

北は、「今や大日本帝国は内憂外患並び到らんとする有史未曾有の国難に臨めり[11]」と緒言を書き出している。そして、この危機にあたって必要なのは、「巾幗《きんかく》的平和論」ではなくて、「劒の福音」であるとして[12]、その国家改造のプロセスを説く。

その改造プロセスは、天皇の非常大権による憲法停止と戒厳令布告に始まる。

そして、二五歳以上の男子による平等普通選挙によって憲法制定権力に当たる国家改造議会を召集する。

そこにおいて、定められるべき新たな国家制度においては、私有財産は一人あたり三〇〇万円に制限され、超過額は国家に納付させる。都市の土地は市有とし、私人生産限度額は資本一千万円とする。それを超過する生産業は国有とする。労働時間は一律に八時間制とし、私人生産に雇用されている労働者は、純益の二分の一を配当される。また、事業の経営計画、収支決算に参画する。すなわち、「私有財産制限」「私有地制限」「私的生産制限」が「大日本帝国の根本組織」の「三大原則」である。(13)

朝鮮は完全に日本帝国の一行政区として同一の行政法のもとにおく。そして、二〇年後に朝鮮人に参政権をあたえる。前述の「三大原則」は朝鮮、台湾、樺太をはじめ、現在及び将来の帝国領土内に拡張される。

徴兵制を維持し、異民族に対しては雇用契約による義勇兵制を採用する。国家は自己防衛のためはもちろん、他の国家・民族を抑圧から解放するためにも戦争を開始する権利をもつ。具体的には、支那保全、極東シベリア領有は日本の積極的権利である。世界の大富豪であるイギリスと世界の大地主であるロシアに対して、世界の無産者たる日本は、ロシアに対抗する大陸軍、イギリスに対抗する大海軍を建設し、日米同盟によって対英世界戦争を組織し、「世界戦争の真個結論」を求めなければならない。

北一輝『国家改造案原理大綱』の改造プロセスは、ざっとこのような内容であり、その国家改造は、世界戦争による世界平定への端緒として位置づけられていたのである。すなわち、「国家改造を終ると共に亜細亜聯盟の義旗を翻して真個到来すべき世界聯邦の牛耳を把り、以て四海同胞皆仏子の天道を宣布して東西に其の範を垂るべし(14)」というわけである。

これが国家改造、私的所有や私的生産の制限を掲げているからといって、生産手段の社会的所有という意味での社会主義とはまったく別のものであり、「根本的に初めから相容れないもの」であることは明らかである。

北一輝は、すでに一九〇六年（明治三九年）に出版した『国体論及び純正社会主義』において、みずからの純正社会主義の立場を明らかにしていたが、それは、国家を一箇の人格をもった生命体のごときものとしてとらえる国家有機体説、そして自然界における生物の進化と同じように世界史における社会の進化を考える社会進化論にもとづくものであった。

そこにおいては、人間の集合体である社会は有機体である国家として総括されるときにのみ意味をもってくるのであって、社会のなかのいかなる個人も社会集団も国家をみずからのものとする主体になることはできない。国家そのものこそが唯一の主体なのだ。当然、天皇も国家の主権者ではない。それは国家有機体の一つの器官にすぎないのである。それは美濃部流の国家法人説に基づく天皇機関説とは異なるが、やはり一種の天皇機関説になるのだ。すなわち、彼は「所謂国体論の復古的革命主義」を徹底的に批判し、天皇を「国家の終局目的の下に行動する民主的国民として国家主権を代表する最高機関[15]」と位置づけているのである。

したがって、社会主義とは国家主義のことでなければならないのである。北一輝の国家社会主義とは国家を掌握した者が、国家機構を通じて社会主義を実現するという意味での国家社会主義なのではなくて、国家が主体になった社会主義のことなのである。

そして、そのようなものである以上、そうした意味での国家社会主義的国家改造は、国家が主体として生存競争に勝ち抜くことと密接に結びつくことになる。ここに、国家社会主義は対外戦争をもって膨張していく帝国主義にそのまま直結していくのである。北一輝は、このあと、一九二一年（大正一〇年）に刊行した『支那革命外史』で、次のようにのべている。

「書中、『支那革命』の為めには支那の武断的大統一を力説し、日本の『革命的対外策』の為めには南北満洲と西比利亜《シベリア》の領有を力説した。……国家内に於て国民生活の分配的正義が主張さるる根拠に立ちて、国際間に於ける国家生活の分配的正義を劔に依りて主張するのだ。――これ不肖の民主社会主義が日本群島に行はるる時革命的大帝国主義たる所以の一である」(16)

岸信介が熱心に受容したのは、このような思想だったのである。そこには、国家を一箇の生命体としてメカニックにとらえて解剖し改造していくエンジニアないし臨床医のようなクールな社会科学の眼があり、世界規模の生存競争のなかで自国のありかたを構想していく壮大なグランドデザインがあった。それは、上杉慎吉にはなかったものだった。そこに岸は強く惹かれたのだろう。岸はのちに次のように書いている。

「此の北氏は大学時代に私に最も深い印象を与へた一人であつた。……『日本改造法案』〔『国家改造案原理大綱』のこと〕は最初社会主義者であつた同氏の国家社会主義的な考へを中心として、一大革新を我が国体と結びつけたもので、当時私の考へて居た所と極めて近く組織的に具体的に実行方策を持つたものであつた」(17)

そこには、岸が求めていたドライな国家主義・近代的国体意識への洗練を見ることができたのである。こうして、岸信介は、北一輝の「国際間に於ける国家生活の分配的正義」たる「革命的大帝国主義」に導かれて、日本国家の生存圏とされた満州へ渡り、国家改造の実験版ともいうべき満州国重工業化計画の実施に当たっていくことになるのである。

ただ、そこに至る途には、北一輝だけではなくて、もう一つの思想的媒介が必要であった。それは、大川周明の思想である。

大川周明と大アジア主義

北一輝は日本の対外膨張を、有機体としての国家が生存していくための権利、国際的な分配的正義によって正当化した。そして、そのなかには、圧迫されている他民族を解放するための戦争の権利という考え方も含まれていたのは、すでに見たとおりである。この点をもっと展開し、白人帝国主義の抑圧に抗するアジアの解放という思想に高めたのが大川周明であった。

大川は、一九一六年（大正五年）に「印度に於ける国民的運動の現状及び其の由来」という論文を書いている。

この論文のなかで大川は、インドに対する大英帝国の植民地支配がいかに過酷なものであったかを、詳細に検証しながら、怒りをこめて告発している。そして、そうしたインドにとって日露戦争以来白人帝国主義と戦って勝利を収めてきた日本が大いなる希望になっていることを論じている。この論文全体に鮮烈に流れているのは、アジアを侵略している白人帝国主義に対する感情的な反撥であり、それに苦しめられそれと闘おうとしているアジア人民に対する感情的な一体感である。

そして、だからこそ、日本はいまこそ立たなければならないのである。「日本は当然亜細亜の指導者たる可きこと」が求められていると大川は言う。

「而して亜細亜の指導、その聯合は、実に皇国をして大義を四海に布くの実力を獲得せしむる唯一の道である。それは人類の為であり亜細亜の為であり、而して最も有力に皇国其者の為である」[18]

同時に、大川周明は、日本の現状が、その希望に応えられないものになりつつあること慨嘆する。[19]

「然るに此の非常時に際して、何事ぞ日本は其の国民の心を燃立たしむる熱火、その国民の魂を照らす明光を欠いて居る」

「此の国民的生命の沈滞、惰弱、頽廃は、今日の日本が、雄渾森厳なる国民的理想を欠ける事に其の根本の原因を有すると信ずる」

北一輝は日本国家改造から説き来たって、それを完成する途としての革命的大帝国主義に到った。大川周明は、白人帝国主義に対するアジア全体の抵抗から説き来たって、それを盟主として領導するための日本の変革に到ったのである。両者、相互補完すべき関係にある。

そして、大川周明の大アジア主義は、北の革命的大帝国主義をさらに発展させ、具体化するものであった。ひとつは、アジアの盟主としての日本の主導権を明確にしたことである。もうひとつは、満州、朝鮮、中国大陸全域とその主導権を確立していき、西洋文明と対決するという東西対決の構図を打ち出したことである。それはまた、辱められているアジアに対する同情と共苦という感情を包み込んで、だからこそ日本が盟主となって戦わなければならないという方向に誘導していくものであった。岸信介は、学生時代に、北一輝と並んで、この大川周明の本を読み、大川のもとに出入りするようになって、大きな影響を受けた、と語っている。

「その頃はまだ大東亜共栄圏などというものは頭になかったけれども、こういった考え方や私の満州行きの基礎には、大川さんの考えがあったことは否めんね[20]」

「私のアジア諸国に対する関心は、大川さんの（大）アジア主義とむすびつきますよ。私が戦前満州国に行ったこととも結びついています。一貫しとるですよ[21]」

そして、アジア諸国に対するアプローチ、日本がアジアのなかの指導国にならなければならないという考え方において、戦前・戦後の断絶はないのか、という問いに対して、「おそらく断絶はない」と答えている[22]。大川周明の思想は、岸信介の戦前・戦後を一貫して貫く思想となっていたのである。

大川周明は、もちろん、情緒的にウェットな日本讃美・天皇崇拝などではない。彼は、一九二七年（昭和二年）に刊行した『日本精神研究』の「はしがき」で、道徳的苦悩の救いをキリスト教に求めたところから始まって、法然・親鸞の教えに親しみ、マルクスを師と仰いで社会制度の根本改造をめざし、プラトンの国家論に遡って、かえってそこに儒教の思想、さらには日本の熊沢蕃山、横井小楠の思想との共通点を発見し、さらにはエマーソン、ヤコブ・ベーメからダンテ、スピノザ、ゲーテへと赴いた、その壮大ともいえる思想遍歴を語っている。その末に、「日本精神」に到達したのである。その契機は、インドの聖薄伽梵歌《ぼかぼんか》の思想信仰にあった。大川は、こうのべている。

「其の薄伽梵歌が、予に下の如く教へたのである。——『仮令劣機にてもあれ、自己の本然を尽すは巧に他の本然に倣ふに優る。自己の本然に死するは善い、他の本然に倣ふは恐るべくある』と。……予は此の原則が個人の上のみならず、実に国民の上にも同様に適用せられねばならぬことを切実に感じた。予をして多年の精神的遍歴より、再び魂の故郷に帰来せしめたるものは、他なし此の自覚である[23]」

つまり、どんなに劣ったものであっても自分自身のなかからもともと湧いてきたものに忠実であるほうが、どんなに優れたものであっても他者のなかから湧いてきたもののまねをするよりよい。それは、個人だけではなく、国家、民族も同じで、外来思想のまねをすることをやめて、自国思想の根源にもどることが必要だというのである。

実は、この回心が大アジア主義の転換をもたらすひとつの契機になっていたのだ。

アジア主義は、日本においては明治維新以後では、岡倉天心が一九〇三年（明治三六年）に出した『東洋の理想』でのべていたことに代表されるように、西洋との対比における東洋の文化的伝統の再評価、それにもとづくアジア諸民族の連帯と団結、それによる新しい東洋文明の創造という方向が打ち出されてきた。また、これと同じころ、中国でも、孫文らが中心になって、白人帝国主義打倒のためにアジアの民族は団結しようという大アジア主義が唱えられた。そして、アジア諸民族の連帯と団結の中心として日本と中国が連携しようという中日提携論が、特に孫文らの側から打ち出されて、実際に提携が進んでいたのである。

ところが、この提携の両者の関係が混線しはじめる。中国の大アジア主義者の側からすれば、朝鮮や台湾、さらには中国の一部も領有していく日本の動きは、西洋帝国主義と同じ覇道の論理を推し進めようとしているとしか思えなくなってくる。一方、日本の大アジア主義者の側からすれば、孫文の三民主義などがいう民主主義や民族自決は、西洋からの外来思想の模倣であって、東洋本然のものではない、彼らこそ東洋の王道を忘れているのではないか、というわけである。こうして、日中提携は崩れ、やがて日中戦争へと突入していくのである。

この大アジア主義分裂の一つの契機が、大川周明のさきほどの「本然の論理」による日本精神への回心だったのだ。これについて、中国文学者の竹内好は、次のように指摘している。

「かれ［大川］は中国革命を、孫文の革命から国民革命まで、すべて外来思想の付け焼き刃という一面でしかとらえていません。デモクラシイもコミュニズムも西欧的なものであって、したがってアジア解放の手段ではなくて侵略または解体の手段である。そういうものを排除しなければアジアの復興はできないと考えるわけです。これは全然まちがいだとはいえないまでも、一面的であることは否定できません。大川流のノミナリズムの弱点があらわれている。中国革命の底に流れる被圧迫大衆の願望には目がとどかないという弱点であります(24)」

その後の大川周明を見ると、竹内が指摘している点に自覚的でなかったわけではない。それなりに、この弱点をカヴァーして日本の侵略批判の論点も提出してくるのである。だが、若くして大川の大アジア主義に傾倒した岸信介のその後の軌跡には、そのような自覚は見られない。岸は、一貫して「被圧迫大衆の願望には目がとどかない」ままに、日本の大陸政策の走狗となっていくのである。

昭和ファッショの思想と岸信介

岸信介が、このように学生時代に影響を受けた思想は、それぞれがおのおの特異な要素をもちながらも、ある共通した特徴をもっており、それらが融合することでひとつの思想潮流をなしていた。それを「昭和ファッショの思想」ととりあえず呼ぶことにしたい。

ここで「ファシズム」という言葉を使わないのは、この言葉がこれまであまりにも安易に使われてきたために、すっかり意味が拡散してしまい、何を指しているのかわからなくなってきてしまっているからである。狭い意味でのファシズムとはイタリア・ファシズムのことである。これは、特有の内容をもっている。だが、これとは違うドイツ・ナチズム、いわゆる日本超国家主義にも、イタリア・ファシズムと共通する特徴が見られる。これを「ファッショ的思想」というならば、その日本版として昭和初期にあらわれたものを「昭和ファッショの思想」といっていいのではないか、と思う。

いま、この「昭和ファッショの思想」を厳密に定義づける余裕はない。これまでのべてきたことから、その特徴の一端を見ておくことしかできない。

いままで見てきたことから出てくるのは、個人ではなく国家を単位として考え、そこから個人もとらえるし、世界もとらえるという思考方法である。

北一輝は、社会においてはだれも主体になることができず、国家のみが主体になりうると考えた。そして、国際社会においては、国家が構成主体となった分配的正義が実現されなければならないと考えた。大川周明は、国家・民族の本然に立つとき、はじめて個人の本然もつかまれ、この世界に生きる途が開かれると説いた。

そこにおいては、国家が人格化され、個人は国家という有機体の器官としてはじめて存在意義をえる。国家＝民族＝社会は、国家が生命体とされることによって一つのものとなり、個人はさまざまな束（イタリア語でファッシ）となってそれを構成してこそ、そこで生きることができるのである。

これは、イタリア・ファシズムにも、ドイツ・ナチズムにも、形こそ違え見られた思想である。そして、昭和ファッショの思想は、それを日本的な形で表現していた。このような日本的な形から出てきた政治原理を、思想史家の藤田省三は「支配の非人格化」と名づけている。藤田は、昭和ファッショの思想の帰結として出てきた総力戦国家の政治原理について、次のようにのべている。

「総力戦国家が要求した政治原理は一言にして言えば支配の非人格化である。ただしこの支配の非人格化とは一見矛盾した二つの意味を含んでいる。一つは、言うまでもなく、人間的つながりによって支配が行われるのでなくメカニズムが支配するのだ、という支配観が強い形で前面に出てきたことである。しかしいま一つは、普通の具体的人格を遙かに超えた能力を持っているという意味で非人格的な強力支配人格を要求したことなのである[25]」

いま、岸信介の思想形成としてこれを見るとき、この二つの矛盾した性格は、はっきりとあらわれている。そこには、一方で、国家というものをメカニックにとらえて解剖し改造していくエンジニアないし臨床医のようなクールな社会科学の眼への傾倒が見られる。そこにあるのは、メカニズムとしての支配を把握しわがものにしようとする意志である。しかし、もう一方で、その「わがものとする」自己、わがものとして運営する自己を、なんとかして超越的な人格的主体と重ね合わせようとする志向が明白に見られるのである。そして、それと重ね合わされたとき、みずからは岸信介という具体的人格でありながら同時に超越的な人格の一部として万能のものと化すことができるのである。

こうしたことは、大日本帝国憲法下においては、少なくとも、内閣総理大臣をはじめとする閣僚、勅撰貴族院議員、統帥権に関わる高級将校、勅任官の高等文官など、国家の指導部には等しく制度的に要求されていたことなのである。彼らは天皇という超越的な強力支配人格によって任命された存在として、その強力支配人格に直接連なることにおいてのみ、支配の責任を全うしたことになるのである。これは、形式においてだけならともかく、実質において考えるなら、なかなかよくなしうることではない。

ところが、これから見るように、岸信介は、その卓抜な能力をもって、この矛盾したメカニズム支配をよくやりおおせた人間だったのである。そして、このような具体的人格と超越的人格との同一化のなかから生まれてくるのは、妖怪のようなパーソナリティにほかならない。そこに、岸信介が「昭和の妖怪」と呼ばれるようになる深奥の理由があったのではなかろうか。

(1)　岩川隆『巨魁　岸信介研究』（徳間文庫、一九八二年）pp.15-16
(2)　原彬久編『岸信介証言録』（毎日新聞社、二〇〇三年）p.333
(3)　同前 p.352
(4)　上杉慎吉のこうした思想遍歴については、長尾龍一「上杉慎吉伝」、『日本憲法思想史』（講談社学術文庫、一九九六年）を参照。
(5)　原彬久『岸信介―権勢の政治家―』（岩波新書、一九九五年）p.23
(6)　前掲・原彬久編『岸信介証言録』pp.340-341
(7)　同前 p.345
(8)　前掲・原彬久『岸信介―権勢の政治家―』p.33
(9)　前掲・原彬久編『岸信介証言録』p.352
(10)　同前 p.341
(11)　北一輝『国家改造案原理大綱』、『北一輝著作集　第二巻』（みすず書房、一九五九年）p.219　以下、旧字を新字に、カタカナをひらがなに直して引用する。
(12)　同前 p.220　ここでいわれている「巾幗的平和論」とは、女性の首飾りのような虚飾の平和論を意味し、「劔の福音」とは、新約聖書でイエスが「われ地に平和を投ぜんがために来れりと思ふな、平和にあらず、反つて劔を投ぜん為に来れり」（マタイによる福音書 10-34）といっているのを指している。
(13)　同前 p.264

（14）同前 p.220
（15）北一輝『国体論及び純正社会主義』、『北一輝著作集　第一巻』（みすず書房、一九五九年）p.371
（16）北一輝『支那革命外史』、『北一輝著作集　第二巻』（みすず書房、一九五九年）p.3
（17）前掲・原彬久『岸信介―権勢の政治家―』p.26
（18）大川周明「印度に於ける国民的運動の現状及び其の由来」、橋川文三編『近代日本思想大系21　大川周明集』（筑摩書房、一九七五年）p.13
（19）同前 p.11
（20）前掲・原彬久編『岸信介証言録』p.354
（21）同前 p.355
（22）同前 p.355
（23）大川周明『日本精神研究』、橋川文三編『近代日本思想大系21　大川周明集』（筑摩書房、一九七五年）p.81　文中にある「薄伽梵歌」とは古代インドの叙事詩中の詩編『バカヴァット・ギーター』のことであり、大川周明にとって、この書はロシアのソロヴィヨフの『善の弁証』とともに枕頭の書だったという。
（24）竹内好「大川周明のアジア研究」、前掲・橋川文三編『近代日本思想大系21　大川周明集』p.403
（25）藤田省三「天皇制のファシズム化とその論理構造」、『近代日本思想史講座Ⅰ　歴史的概観』（筑摩書房、一九五九年）p.297　傍点は原文のまま。

第三章　キメラの産業設計者
――満州国と岸信介――

農商務官僚としての問題意識

昭和ファッショの思想をみずからの思想的基点として獲得し、東京帝大を首席で卒業した岸信介は、一九二〇年（大正九年）、農商務省に入省した。

岸は当時もう政治家を志していた。それなのに、なぜ、エリートならば等しくめざす内務官僚ではなくて、農商務官僚を選んだのか。内務省は、統治の中枢をになう官庁であるのに対して、農商務省は、農業・工業といった産業の政策を担当する官庁であり、現在の農水省と国土交通省を合わせたようなものだった。しかも、当時、逓信省といっしょにして「低脳省」（逓農省）と蔑称されることがあったほど格下の官庁だったのだ。

成績抜群できわだって優秀な能力をもっていた岸にとっては、内務省に入って昇進し権力の中枢に近づくくらいのことは簡単にできたにちがいあるまい。また、それが政治家への最短距離でもあった。にもかかわらず、二流の官庁である農商務省を選んだのは、彼が単に政治家として活動したいというだけではなく、国家の経営をみずからの才覚で思う様にやってみたいという、ほんとうの意味での政治的野心《アンビション》をもっていたからだろうと思われる。そして、いま国家の経営にとってもっとも重要なのは、政治制度ではなくて経済制度だということを、岸は見抜いていたのである。だから、農商務省を選んだのだろう。

岸はこういっている。

「産業経済の実体に関心を持っていたことは事実です。内務省というと、権力中心の警察行政ということになるのだが、そういう権力だけの機構ではないというのが農商務省の特徴でした。それから農商務省は、大蔵省のようにただ税金をとって予算をつくるというものでもない(1)」

「政治家志望であるからこそ農商務省に行きたいのです。……従来なら内務省とか大蔵省が政治家への近道であったかもしらんけれど、これからの政治の実体は経済にあると考えていたんです(2)」

しかも、岸信介は、ただ経済の運営に興味をもったというのではなかった。経済制度を改革して、そこから国家改造をおこなっていくことを考えていたのである。北一輝の国家改造は、クーデタに始まる例外状況を創出しておこなわれる非常時の国家改造であった。岸が考えたのは、内外の難局に対処することを通じて、平時において新しい経済制度をつくりだすことによって国家改造にアプローチしていこうとする途だったのである。

そして、岸は農商務省で、テクノクラートとしての手腕を遺憾なく発揮した。吉本重義の『岸信介傳』によると、岸は省内で「白を黒と言いくるめる」男といわれた。これは悪口ではない。誉め言葉である。官僚としては、あらかじめ擁護しなければならないと決したことはどんなことであっても擁護できるというのは、賞賛されるべき能力なのである。

「何さま大正十一年から昭和十年四月、彼が工務局長心得になるまで、彼は十三年間、ここで、国会の委員会や本会議などでの質疑応答のようなものをやったのだ。……彼の論破ぶりはだんだんさえて来て、省内ではとうとう『どんな問題でも、あの野郎の所へ持って行ったら白を黒といいふくめられてしまう』と敬遠されるほどになってしまったものだった」[3]

これは、岸信介の知的能力の高さ、それがテクノクラートとして生かされたときの有能さを示すものであるとともに、それ以降、政治家になってからも彼が脱することができなかった倫理意識のありかたをも示している。

まえに見たように、安倍晋三は、自民党総裁選をめぐる後継指名の念書問題で岸が取った態度を、心情倫理としては問題があるが、責任倫理としては見事である、と賞讃していた。ここにおける心情倫理と責任倫理との間の関係の単純なとらえかたは、安倍が得意そうに挙げているマックス・ヴェーバーの論理に対する無理解を露呈しているのだが、それはさておき、ここには、結果がよければすべてよしというのが政治の論理である、という考え方が示されている。「心情倫理と責任倫理」なんていう概念をカッコつけて使うからおかしくなるんで、つまりは「結果責任」がすべてという倫理意識なのである。

岸信介自身、そういっている。

「政治というのは、いかに動機がよくとも結果が悪ければ駄目だと思うんだ。場合によっては動機が悪くても結果がよければいいんだと思う。これが政治の本質じゃないかと思うんです」[4]

そして、「戦時経済というものの本質は、いかに戦争に勝ち抜くか、つまりみずからの精力を戦争目的に集中して闘いに勝ち抜く」ということにあるのだから、あらゆる経済行動を「その方向に限定されていく」ようにするのは当然だ、といっている。[5] これは、「結果責任がすべて」という論理が、「目的のためには手段を選ばず」という論理につながっていくことを示している。

これは、このあと満州に渡ったときの自分のやりかたについて語ったものだが、それは、岸信介が、すでに農商務省時代に「良いか悪いかが問題ではない。必要か必要でないかが問題だ」という倫理意識から、「白を黒と言いくるめる」ことに邁進してきた結果なのである。そして、これは安倍晋三が思い違いしているようなクールで即物的、リアルで現実的な意識というわけではないのだ。ヴェーバーがいっている意味での心情倫理と責任倫理の葛藤をあらかじめ回避して、みずからを体制の「必要」に同一化している権威主義的な心性にほかならないのだ。この「結果責任」がすべてという倫理意識に基づく行動様式は、このあと、さまざまな形で岸信介に見られることになる。

産業合理化運動と統制経済への転換

さて、農商務省が農林省と商工省に機構分離され、岸信介が商工省に転属したのが一九二五年（大正一四年）のことだったが、その翌年、岸はアメリカ、イギリス、ドイツと欧米諸国の経済制度を半年にわたたって視察した。

アメリカでは、アメリカ経済の巨大な生産力に圧倒された。

「日本では自動車の数がまだ非常に少なくて、ポンコツになるまで修繕して使っていた。しかしアメリカでは、使い捨ての自動車が原っぱに積み重ねられている。石炭や鉄鉱石その他の資源の産出量を比べるとわかるが、どだいスケールが違っていた。アメリカの偉大さに圧倒され、一種の反感すらもった(6)」

と岸はのべている。

一九二〇年代 Roaring 20's のアメリカは、世界で唯一つ、大量生産・大量消費の大衆消費社会に到達していた。乏しい資源を節倹利用して質実堅固な消費生活を営んでいた日本人が反感をもつのは当然だったろう。ともかく岸は、アメリカ経済から学ぶべきものはない、と考えた。

そして、ヨーロッパで岸信介が遭遇したのがドイツの産業合理化運動を通じた「国家統制化」(Nationalisierung)《ナツィオナリジィールンク》だった。これは、日本にとって大いに参考になる、と岸は思った。そこで、この運動を研究し、詳しい報告書を書いている。この報告書がのちに注目されて、岸は再度ドイツに派遣されることになる。この産業合理化運動とは、第一次世界大戦によって経済の崩壊を経験したドイツが、その復興のために、技術的には規格統一などで効率化、科学的管理を徹底し、産業政策としては重要産業に対して国家が保護育成を積極的に図り、カルテルを用いて競争を制限したりして、全体として国家統制のもとでの効率化、生産性の向上を図っていたものである。この産業政策は明らかに国家独占資本主義の方向を向いていた。

「ドイツでは日本と同じように資源がないのに、発達した技術と経営の科学的管理によって経済の発展を図ろうとしていた。私は『日本の行く道はこれだ』と確信した。アメリカにはとても歯が立たないけれど、ドイツ式であれば日本もできるということだ(7)」

岸信介は、そこにただ経済的な効率性や合理性を見ていただけではなかった。それが国民の再組織につながること、その政治的意義に着目していたのである。彼は、二回目のドイツ産業政策視察の際に商工省の木戸幸一に送った手紙にこう書いている。

「合理化の真精神は国民的共働（Gemeinarbeit des Volks《ゲマインアルバイト・デス・フォルクス》）に在り。此の点が米国の合理化と独乙の夫れとの最大の相違なり。一箇の企業、一部門の産業と云ふ様なケチの問題に非ずして国民経済全体の問題なり。……苟も産業に関係を有する者の全体が渾一したる共働的精神の下に協力するに非ざれば合理化は行はれず(8)」

このように経済の発展をめざして、すなわち実利の追求をもたらす経済統制を実行することを通じて、社会的な共働関係を発展させ、国民的共働体を組織していくことこそが、昭和ファッショの実務家・岸信介のテクノクラートとしての目標だったのである。

その背景には、岸なりの時代認識があった。同じ手紙で彼はこう書いている。

「産業合理化の運動は之を経済史的に考察すれば世界大戦に依りて一劃期を作られたる世界経済立直しの運動に外ならず。目下の状況にては世界経済の単位たる各国民経済内部に於て合理化行はれつゝあれども結局は国際的協力を必要とす[9]」

確かに、このあと、特に世界大恐慌に対する対応を通じて、資本主義社会の自由経済は大きく統制経済ないし計画経済に転換し、またたがいに経済のブロック化を図っていくのである。そのような時代の趨勢のなかで、岸信介は統制経済による国民的共働の創出に先駆的に取り組んでいったのである。

それが日本版産業合理化運動の推進母体ともいうべき臨時産業合理局の組織であり、そこがおこなった重要な施策が重要産業統制法の立案、実施であった。その中心になったのは、当時商工省工務局長だった吉野信次であり、その片腕として働いたのが岸信介だった。吉野信次は、吉野作造の実弟だが、統制経済を主張する新官僚と呼ばれた部分の中心人物で、岸とは思想も合致したのでよく合って、吉野・岸ラインと呼ばれる強力なコンビを形成した。

一九三一年（昭和六年）に公布された重要産業統制法は、簡単にいえばカルテル促進法であった。つまり、当時多くの産業で進められていたカルテルを積極的に促進し、アウトサイダー規制に強制力をもたせるなどして、独占集中を促進し、産業統制を強力に推進したのである。重要産業では業界を再編しつつ、次々に指定が拡大され、軽工業から重化学工業まで再編されたほとんどの産業部門が網羅されて、統制経済網が整備された。これによって産業構造の再編がもたらされ、国家と独占資本との結合が深まり、国家独占資本主義が発展した。また、この重要産業統制法と並行して工業組合法、商業組合法が制定されて、中小工業や中小商業の共同化が促進され、ここにも重要産業とは別に統制経済の網の目がかぶされることになっていった。

これは、のちにおこなわれた国家総動員体制の下での全面的統制経済のもとをつくったものであり、それを最初から最後まで切り回したのは岸信介にほかならなかった。そして、そのような形で中心になっておこなったこの商工省における統制経済政策を通じて、吉野・岸ラインのもとに商工官僚のなかに、また統制経済網のもとで企業経営者や業界実力者のなかに、それぞれに広く深くつくりあげた官界人脈、財界人脈こそが岸信介の最初の人脈であり、これはのちにさらに発展して岸政治の貴重な財産になっていったのである。

満州のための岸、岸のための満州

やがて次官に昇進した吉野信次とコンビを組んで、「商工省は吉野と岸で動いている」といわれるほど完全に商工省を切り回すようになった岸信介の政策思想と実現能力に注目したのが軍部、具体的には陸軍省と関東軍であった。彼らは、岸を満州国に迎えて、その産業開発に当たらせようと考えたのである。また、岸自身も、この満州国という新天地で腕をふるい年来のみずからの構想を実現してみたいという野心に燃えていたのであった。

一九三二年（昭和七年）に中国東北部に建国された満州国は、清王朝の末裔・溥儀を形式上の統治者とし、満州人が参加する統治機構がつくられていたが、実権は完全に関東軍と日本から派遣された官吏、顧問が掌握している傀儡国家であった。

そうした満州国指導部の日本人のなかでも、この傀儡国家の構想の中心になったのは関東軍参謀の石原完爾である。石原は、「八紘一宇」の国体論を唱える田中智学[10]が組織した日蓮主義在家仏教組織・国柱会に属し、法国冥合――仏法と国家の一体化――の教えに基づき、新しい日本国家建設を構想した。そして、その構想を具体的に展開したのが、「五族協和」の「王道楽土」を掲げた満州国建国にほかならなかった。

そうした満州国における経済政策は、一九三三年（昭和八年）関東軍特務部の決定によれば、次のようなものであった。

1　満州の新情勢に即して経済組織の修正をせんがためには、在満経済機構の能率を理想的水準に引き上げ、統制経済機構を完成すること。

2　資本主義的経済機構を修正すること。

そのためには、

1 関東軍は全満州の産業指導統制監督権をもつこと。
2 満鉄をホールヂング・カンパニーとすること。
3 現在満鉄の直系会社は独立せしめ、親会社（ホールヂング・カンパニー）の監督下におくこと。

などというものであった。[11]

つまり、関東軍が完全に監督する非資本主義的統制経済をつくりあげるということである。これは、資本も労働力も本来私有されるものではなくて国家の公財、天皇陛下の御物であるから、労資協調ではなく労使一体の「国体主義の産業」をつくらなければならないという考えによるものであった。[12]

しかし、このような軍完全統制の私有の制限された産業経済に進んで投資しようとする資本はありえないから、一般民間資本は満州に投下されず、ただ国策会社満鉄（南満州鉄道会社）のみが膨張する結果となった。資本主義制度を通じながら、それを制限する統制経済を実現していくこと、統制経済の基本線を守りながらも、より現実的な経済政策によって満州の産業開発を発展させることが必要なのだが、それを具体的に構想する力は彼らにはなかった。そこで、日本国内の統制経済政策で実績を上げていた岸信介を呼び寄せることにしたのである。

軍部が岸に目をつけたのは、単にその能力の故だけではなかった。岩見隆夫によると、関東軍参謀部は、「満州国人事行政指導方針要綱」において、満州国政府に派遣する日本人官吏についてはすべて参謀部第三課の事前承認が必要であることを明記しており、またこれらの人事に関する資料を憲兵隊と特務機関を使って収集することを謳っている。また、当時参謀本部にいた有末精三によると、満州国日本人官吏については陸軍次官がすべて取り仕切っていたという。そして、岸は、この方針に基づいて以前からマークされ、憲兵・特務が公私ともどもについて集めた秘密資料から、能力だけでなく、思想、人物、性格などを含めて関東軍のお眼鏡にかない、嘱目されていたのだという。確かに、岩見が指摘しているように、岸信介は「頭が切れるだけの平凡な秀才型官僚ではなく、特異な野心型能吏だった」(13)のである。そこに陸軍省も関東軍も着目していたのである。

一方、岸のほうでも、関東軍の拙劣なやりかたに切歯扼腕していたのである。

「満州事変が起ったあと、商工省から高橋康順はじめ数人が渡満していた。ところが、満州の産業行政については関東軍の第四課が勝手なことをしている。軍人だから見当違いのこともずいぶんあるし、日本の財界も、関東軍が威張りすぎているものだから横を向いている。これではいかん、産業行政の問題については、商工省の最も優秀な人間が行って軍人から産業行政を取り上げてやるべきだ、いずれ自分が行ってやらなければいかんというのが私の考え方だった」(14)

だから、すでに最も信頼する腹心の部下・椎名悦三郎を満州に送ってあった。そして、着任に当たって、岸は、関東軍参謀長の板垣征四郎に会って、次のように全権委任を取りつけている。

「私は日本を食いつめて満州へ来たわけではない。満州の産業経済の確立ということが、満州統治の上から大事であるのみならず、日本国民にとっても大事である。……軍人さんがどう言っても、産業経済のことで、私がこうしなければならないという時には、私の言うことを聞いてほしい。……産業経済についてはまかしてもらいたい。それがまかされんということならば、そして関東軍が右向け、左向けということであれば、私は適任ではないから、誰か代りのものをよこしてもいい[15]」

そして、「産業経済の問題は君にまかせるつもりなのだから、そのつもりでやってくれ」という一札を板垣から取った。こうして、岸信介は、年来暖めてきた統制経済制度、それにもとづく産業開発を、満州国というまだほとんど白紙のフィールドにおいて思う様に展開してみるフリーハンドをえたのである。

こうして、岸信介は満州国国務院産業部次長に就任した。国務院産業部は日本で言えば商工省に当たる官庁で、部長には満州人が就いていたが、それは飾りに過ぎず、岸が事実上の商工大臣であった。しかも満州国の超越的権力である関東軍からフリーハンドをあたえられている。こうして、「『満州のための岸』であると同時に、『岸のための満州』といってもいいような絶妙な空気が出来上がっていたのである[16]」

岸の野心は燃えさかっていたことだろう。

新天地の産業設計――満州産業開発五カ年計画

岸信介が満州で取り組んだのは、満州産業開発五カ年計画の実施であった。

この五カ年計画は、石原完爾が中心になって、石原が信頼するエコノミスト・宮崎正義を中心とする日満財政経済研究会が立案したものであった。石原の頭には、迫り来る対ソ戦にそなえるための満州の軍備増強があった。その基には、日本の参謀本部が一九三六年（昭和一一年）に策定した「軍事費を中心とする帝国将来の財政目標」があった。この財政目標に基づいて、満州国は日本七に対する満州三の割合で軍需生産をになうべく、急速な重工業化を求められたのである。この要請に応えて「昭和十二年度以降五年間帝国歳入計画」が策定され、それに基づいて、軍需産業建設拡充を中心とする計画として決定されたのが、満州産業開発五カ年計画であった。

この五カ年計画は、全体としては宮崎正義ら、具体化には満州国総務庁長官だった星野直樹、岸が送り込んだ椎名悦三郎らが当たり、岸自身は立案には直接タッチしていない。それは、岸が「この五カ年計画はソ連のまねです」と言っているように、一九二八年（昭和三年）から実施されていたソ連の国家計画委員会（ゴスプラン）による第一次五カ年計画を模倣して計画経済をおこなおうとしたものであった。

ソ連五カ年計画が全体としては遅れた農業国であったロシアの産業を急速に重化学工業化しようとしたものであったのと同じように、満州産業開発五カ年計画も農業中心だった満州に重化学工業を計画的に育成していくことを目的としたものであった。

「私はあの計画［ソ連第一次五カ年計画］を初めて知った時には、ある程度のショックを受けましたね。今までわれわれのなじんでいる自由経済とは全く違うものだし、目標を定めて、それを達成しようという考え方に脅威を感じたことを覚えている。しかし果たしてああいうものが計画どおりにゆくものかどうかということに対しては、一つの疑問はもっていた」(17)

と岸は語っている。

実際、満州産業開発五カ年計画の実施に当たった岸は、もちろん社会主義的な政策を採りはしなかったし、北一輝流のいわゆる国家社会主義的な政策、または田中智学流の「国体主義の産業」政策のようなものも採りはしなかった。彼が採ったのは、あくまで独占資本主義の強化の上に立って、それを国家と結合させる統制経済、すなわちドイツの産業合理化運動がそうであり、自分が推進した重要産業統制法のカルテル強化政策がそうであったような国家独占資本主義の方向での統制経済なのであった。

岸は、重化学工業を、関東軍に完全に掌握されている半官・半民の満鉄から切り離し、新たに満州重工業開発株式会社を持株会社として設立し、そこに日本国内の資本を引っぱってくることを考えたのである。もちろん、この満州重工業開発（略称・満業）は、満州国の政策によって厚く保護され、国家と結合した独占資本としてきわめて有利な条件を享受できる。そして、岸は新興財閥である鮎川義介の日本産業（略称・日産）の満州導入に成功し、日産は本社を満州の新京に移し、満業の事業に全面的に取り組むことになったのである。

これはとりあえず成功した。満州への資本投資は大きく増加し、重化学工業は発展したのである。そこには、岸の渡満の翌年一九三七年（昭和一二年）に日中戦争が勃発し、満州産の石炭、鉄鋼などへの需要が急増したこと、また日本政府の満州五カ年計画への認識が高まり、支援が得られたことなどがあずかって力があった。それにしても、岸の能力が発揮されたからこそ計画が大きく前進したことも確かである。

そのように岸が力を存分に発揮できたのは、満州が白紙に近い新天地であり、しかも戦時体制にあったからでもあった。満州で岸の下で働いた法律家の武藤富男は、こう語っている。

「岸さんがいた昭和十一年（一九三六年）から十四年ごろの満州は、すでに戦時体制であった。ということは、この頃の満州は、人間の能力と見識だけがものをいう社会であったということである。日本なら、まだまだ擁する勢力とか位置関係がものをいっていたが、満州では何よりも能率と合理性が優先されていたから、能力のある人間ならそれだけでどんどん登用され、腕をふるうことができた。岸さんは、満州という絶好の政治学校に入学したのであり、本人が意図したかどうかは知らないが、ここで十分な政治トレーニングを積むことができたわけだ[18]」

そして、一九三九年（昭和一四年）、三年間の満州生活を終えて日本に帰る際、岸信介は、大連港で記者団にこう語った。

「出来栄えの巧拙は別として、ともかく満州国の産業開発は私の描いた作品である。この作品に対して私は限りない愛着を覚える。生涯忘れることはないだろう[19]」

キメラとしての満州国

近代法政思想史の山室信一は、膨大な資料を基にして満州国の肖像を描き出した著書に『キメラ』

という表題をつけた。キメラとは、頭が獅子、胴が羊、尾が龍という合成怪物であるが、山室は、関東軍を頭の獅子に、天皇制国家を胴の羊に、中国皇帝および近代中国を尾の龍にそれぞれ喩えて、満州国を合成怪物としてとらえたのである。[20]

そのような怪物キメラの根幹たる産業経済を見事に設計したのが岸信介であった。確かに見事な設計であった。だが、それはキメラの根幹だけあって、それ自体としても怪物じみていたのである。怪物じみた傑作だったのである。

満州国の統治機構は、満州帝国になってからは、皇帝溥儀を主権者としていたが、溥儀は実際にはほとんど権限をもっていなかった（尾の龍としての中国皇帝）。行政組織である国務院には、各部（省に当たる）に満州人の部長がおかれていたが、実際には大日本帝国から派遣されてきた高級官僚の次長が支配し運営していたし、立法を担当する立法院も、実際の立法に当たっては、日本人が構成する法制局がすべて原案をつくり立法院はそれを追認するだけであった（胴の羊としての天皇制国家）。そして、これらすべての統治行為の裏には関東軍が存在していて、彼らが各局面ごとにおこなう「内面指導」にもとづいてはじめて活動と権限が認められるのであった（頭の獅子としての関東軍）。

駐日アメリカ大使だったジョセフ・C・グルーは、満州国の満州人大臣と日本人官吏との関係がかいま見られた目撃談を次のように記録している。

「丁［丁鑑修満州国交通部部長＝大臣］が部屋に入ってくると、とたんに七人ほどの日本の役人が彼を取巻いてしまった。外国特派員たちは、これは面白いことだと思った。そこで一人が『あなたは満州国の完全な独立に賛成しますか』と質問すると、丁は肯定した。すると日本人の一人が何か彼の耳にささやき、丁は『満州人の民族自決に従って……』とつけ加えた。別の特派員が日本の満州国承認について質問し、丁はそれに答えた。すると同じ日本の官吏が立上って何か彼の耳にささやき、丁は、『そしてわれわれは同様にして合衆国の承認をも希望するものです』といい足した。あまりに馬鹿げているので、特派員たちは今にも大声で吹き出しそうになった[21]」

つねに耳打ちするものと、つねに耳打ちされなければならないものとの間にあるとされる「協和」、これが「王道」の実態なのであった。

満州人に対する待遇が低いことに憤りを覚えた財政部長・熙洽《シーシア》の不満に対して、時の総務庁長官・駒井徳三は、「君は満州の歴史を知っとるのか。満州は日本人が血と引き換えに取ったものだ。ロシア人の手から奪い返したものなんだ。君はそれがわかっとるのか」と怒鳴りつけ、言葉を返した熙洽に対して、「俺が君にわからせてやる。これは軍の決定だ!」と浴びせかけたという話も残っている[22]。

満州国における重要な政策は木曜会というインフォーマルな組織で事実上決定されていた。これはいわば最高政策決定会議で、定時懇談会が年四回、いずれも木曜日に開かれたので、木曜会と呼ばれた。出席者は、関東軍第四課高級参謀、主任参謀、満州国政府産業部、経済部、交通部、民生部の責任者および総務庁企画処長、日満商事、奉天造兵所、満州中央銀行など有力企業の代表で、産業部次長、のちにはさらに上の総務庁次長に昇進した岸信介は、もちろん重要なメンバーであった。ここで基本的なことはみんな決まっていたのだ。これが、キメラの一つの横顔なのである。

そして、このような特異な統治組織は、協和会という、これまた特異な下部組織をもっていた。協和会は、満州国建国直後の一九三二年（昭和七年）七月に結成された官製国民組織で、その綱領は、「唯一永久、挙国一致の実践組織体として、政府と表裏一体となり、建国精神の発揚、民族協和の実現、国民生活の向上、宜徳達情の徹底、国民動員の完成により、以て建国理想の実現、道徳世界の創建を期す」というものであった。

これは、「議会にあらざる議会」とも位置づけられ、のちに日本において組織された大政翼賛会並びにその下部の諸翼賛組織の雛型ともいうべきものであった。そして、協和会下部組織は、実際には、おもに日本から理想を懐き、あるいは希望に燃えて渡満した人々が、現地住民を教化宣撫していく活動の場になったのである。そして、その理想、希望が色褪せていくにつれ、単なる動員組織と化していったのであった。

ここで注目しておくべきことは、このような渡満日本人のなかには、昭和の農業恐慌後に日本で生活が困難になり政府の宣伝に乗って満州開拓にやってきた農民、あるいは差別と貧困から逃れるために大陸に出てきた被差別部落民らとともに、産業構造再編にともなって統制経済の枠から弾き出された中小商工業者が多かったことである。満州国は、日本人のための、日本人による、満州人の統治がおこなわれた国家であったが、その道具として使われたのは、満州人だけではなく、日本の経済・社会の中から弾き出され、誘い出されてやってきた日本人たちでもあったのだ。ここにもキメラのもう一つの横顔が見られる。

満州移民には、品川区の武蔵小山商店街のように東京の商工業者が物資欠乏からやむなく商店や工場を閉めて集団で渡満した例などが見られるが、このような状況は岸が満州国から帰ってその経験を生かして日本国内でおこなった統制経済政策の一環としての中小企業整理事業の結果であった。[23] これは、岸が日本に帰ってからのことだが、このように岸が推進した日満の統制経済はおたがいに還流するような形で連動していたのである。

満州における阿片戦略と岸の資金網

満州国における統治は、このようなものであったから、満州国を牛耳っていた支配中枢が、たとえば阿片の密売のような手段で資金を調達するのを躊躇することはなかった。

満州においては、大陸に進駐している日本軍特務部の管理の下に阿片の密売が大規模におこなわれていた。

極東国際軍事裁判（いわゆる東京裁判）記録によると、「一九三八年（昭和十三年）から一九四五年（同二十年）まで、北支派遣軍の特務部の下で、中国においてアヘン作戦を実行した証人サトミは、一九四〇年（同十五年）まで彼によって販売されたアヘンは、ペルシャ製のものであったが、その後彼は満州産アヘンを販売していたと証言している」という事実があり、また「一九三九年（昭和十四年）奉天総領事は、この年のアヘン売却額は九千九十万八千円に累増したと報告し、アヘンは関税に次ぐ満州国の財源であることを記している。彼は一九四〇年における生アヘンの買い入れは四千三百四十七万円に達するであろうこと、また純益は五千六百万円と評価されると述べた」ということが明らかにされている。[24]

ここに証人サトミとして出てくるのは、北支派遣軍の特務機関「里見機関」（別名・宏済善堂）を主宰した里見甫（中国名・里見夫《リーチェンフ》）のことである。里見は、極東国際軍事裁判でA級戦犯容疑者として収監されながら、なぜか無罪になっている。この里見甫と満州における阿片戦略について調べて、この奇怪な全貌を明らかにしたのが、最近二〇〇五年に刊行された佐野眞一の『阿片王―満州の夜と霧―』である。また、そのしばらくあとに出た太田尚樹『満州裏史―甘粕正彦と岸信介が背負ったもの―』も、満州における阿片問題と岸信介の関わりを追っている。これらの調査によって、阿片密売が満州国を運営する軍の戦略として軍・官・財ぐるみで展開されていたことが明らかにされている。

これらの本とは別に、岩見隆夫のインタビューに対して答えた当時の岸信介腹心の一人・福家俊一《ふけとしいち》も、次のように語っている。

「実はこれは極東軍事裁判でオレも国際検事団からさんざん調べられたことだが、アヘンの上がりが莫大だったんだ……その莫大なアヘンの上がりが軍事機密費として使われた。関東軍が一株、満州国政府が一株という形で、甘粕［正彦］もその一株を持っていた。それが当時のカネで月八十万円（現在の約八億円）にもなった」[25]

阿片密売は関東軍・満州国政府ぐるみで戦略としておこなわれていたことだから、産業の最高責任者である岸が知らなかったはずはない。実際、岸が阿片密売によって得た金を受け取っていたという証言もある。一つは、高松宮の側近だった細川護貞の証言である。細川は、いわゆる「細川日記」の一九四四年（昭和一九年）九月四日の記述の中に、内務省の伊沢多喜男からの情報として、こうある。

「岸は在任中数千万、少し誇大に云へば億を以て数へる金を受けとりたる由、而もその参謀は皆鮎川［義介］にて、星野［直樹］も是に参画しあり。結局此の二人の利益分配がうまく行かぬことが、［東条］内閣瓦解の一つの原因でもあった。さすが山千の藤原［銀次郎］が自分の処で驚いて話した」(26)

藤原銀次郎は岸が次官当時の商工大臣である。「細川日記」には、ほかにも、ときの首相・東条の金脈について、「以前より里見某なるアヘン密売者が、東条にしばしば金品を送りたるを知り居るも……」と書かれ、この阿片資金をめぐる東条と岸との関係をほのめかしている。こうした「細川日記」の記述は、単に個人的な記録ではなく、高松宮に報告するために集められた情報を整理して覚え書きとして書いたものなので、信憑性が高いと言われている。

この「細川日記」にからむ疑惑は、戦後国会でも追及されたが、証拠が出てこないために岸は逃げ切っている。

また、里見甫はアパートの部屋に風呂敷に包んだ札束をいくつも用意しており、それをいつも資金として渡していたが、「昭和十七（一九四二）年四月の翼賛選挙に立候補して念願の政治家となった岸信介もその一人で、前出の伊達［宗嗣］によれば、このとき里見は岸に二百万円提供したという」[27]という証言もある。岸は里見甫が死んだとき、墓碑銘を揮毫している。

この里見との関係については、岸は、

「アヘンを扱ったものとして里見という男のことは知っています。ただ私が満州にいた頃は里見は上海で相当アヘンの問題にタッチしていて、金も手に入れたのでしょうが、満州には来ていないから私は知らない。里見を知ったのは帰国後で、満映にいた茂木久平の紹介です。里見が死んで墓碑に字を書いたことがあるけれども、これも茂木に頼まれたからですね」[28]

と逃げている。

そのへんは、けっして足がつくようなことをやらなかったのが岸信介なのである。岸が満州を去るとき、在満の友人たちを前に語った「政治資金の濾過」論は有名である。

「諸君が選挙に出ようとすれば、資金がいる。如何にして資金を得るかが問題なのだ。当選して政治家になった後も同様である。政治資金は濾過器を通ったものでなければならない。つまりきれいな金ということだ。濾過をよくしてあれば、問題が起こっても、それは濾過のところでとまって政治家その人には及ばぬのだ。そのようなことを心がけておかねばならん」[29]

これを岸自身はちゃんと実行していたのである。だから、阿片がらみのカネの流れも、岸のところに流れ込んでも、濾過器が働いているから、問題はそこでストップしてしまう。実際、里見甫は、いっさいを自分一人でひっかぶって、累を他に及ぼさなかったし、満州国総務庁主計処長・人事処長などを務め岸の金庫番だったといわれる古海忠之も「阿片は私と里見がすべて取り仕切っていたのであって、甘粕も岸さんも関係ない」という態度で押し切ってしまった。濾過器は見事に働いたのである。

また、近代史研究の原朗が「どういうわけか昭和十一年（一九三六年）から十四年頃まで関係文書だけが散逸していて、研究者としては怖くて手がつけられないのが現実です[30]」と語っているように、ちょうど岸が在満の三年間の資料がなくなっているというのも疑惑を呼ぶ。

そして、満州の阿片問題を調べた人たちの多くが、阿片問題に岸が関わっていなかったはずがないと推察しているのである。

「満州を料理した東条、岸、星野、甘粕、鮎川らの人脈の内面から『アヘン』を除外するわけにはいかないのではないか[31]」と岩見隆夫はいい、原彬久は「当時満州国の幹部として総務庁人事処長を務めていた古海が、アヘンを『すべて取り仕切っていた』ということは、すなわち満州国政府そのものがアヘン密売の当事者であったことを意味する。しかも古海は岸総務庁次長の忠実な部下であったこと、岸と里見が密接な関係にあったこと、そして岸・甘粕間に太いパイプがあったこと等々から割り出されるこの「アヘン密売をめぐる」相関図を前にすると、さて、この相関図から、改めて岸を捨象することはむずかしい[32]」と書いている。

これを否定できる者はいないのではないか。

もちろん、東条、岸、星野、甘粕らは、これらの資金を私したわけではない。着服したといっているのではない。それらは、満州国における、さらには中国大陸全体における軍を中心とした工作に使われたのである。だからこそ、阿片密売は満州国を運営する軍の戦略として軍・官・財ぐるみで展開されていたのであり、それこそが重大な問題なのである。

満州人脈という財産

岸信介が、満州における産業経済政策の展開を通じて、「濾過器をそなえた資金ルート」を開発したことはまちがいない。これがのちの岸金脈の母胎になった。「細川日記」が問題にしている満州の支配層のトップに流通し、日本国内にも還流された巨額な政治資金の金脈は、その後も利権となって、やがては形を変えながらも存続したのである。

同時に、岸は、この満州時代に行使しえた権力を通じて——これは金脈とそのまま重なるところを多くもっているわけだが——かなり広く深い人脈を形成することができたのである。

満州国を動かしている実力者は「二キ三スケ」だといわれた。「二キ」とは、関東軍参謀長・東条英機と総務庁長官・星野直樹の二人の「キ」、「三スケ」とは満鉄の松岡洋右、満業の鮎川義介、そして岸信介の三人の「スケ」である。岸は、満州時代に、これらトップ同士の固いつながりをつくりあげるとともに、最高実力者として木曜会をはじめとする満州国の軍・官・財複合体を通じて、さまざまな人脈をつくりあげたのだ。

岸が重要産業統制法などの統制経済政策の実施を通じて、なかなかの官界人脈、財界人脈をつくりあげてきたことはすでに見たが、この満州時代の、もっとラージスケールで、またダーティなものをも含み込んでいるがゆえに、もっともっとディープでもある関係のなかで、彼らの利害を現実的に処理する方向で統制経済の最高責任者として活動することによって、それまでとは異質な人脈をわがものとしたのである。

まず軍部人脈である。その中心は東条英機との関係にある。これがやがて岸の東条内閣入閣につながっていく。東条以外にも、片倉衷《ただし》、秋永月三といった経済将校とは、のちの総動員体制の中でも密接な関係を生かしていく。

官界・財界にも、絶大な岸シンパのネットワークをつくりあげた。原彬久が挙げているだけでも、以下の通りである。

「大蔵省出身の前出星野直樹、古海忠之はもちろんのこと、松田令輔（戦後、北海道東北開発公庫総裁）、内田常雄（戦後、衆議院議員）ら、農林省出身では楠見義男（戦後、農林中央金庫理事長）、平川守（戦後、農林事務次官）ら、商工省からは椎名［悦三郎］のほかに美濃部洋次（戦後、日本評論社社長）、内務省からは大達茂雄《おおだち》（戦後、衆議院議員）、そして法曹界からは武藤富男（戦後、明治学院院長）らが隠然と岸を取り巻いていた。民間人ではジャーナリストの小坂正則や福家俊一など、枚挙にいとまはない」(33)

そして、続けて原は、「それにしても、満州における岸の人脈は捉えどころがないほど広く深い。

しかしこうした広大な人間関係は、単なる高級官僚としてこれを築いたにしてはあまりにも大きく、その内容もかなりきわどいものであったといわざるをえない」と評している。

こうした満州人脈は、かなりディープなものとして、以後の岸信介の政治的・経済的権力の中核をなしたのである。それは、官僚、政治家としての岸の貴重な財産となった。そして、同時に岸は戦後においても、膨大な数に上る満州関係者群のトップに座りつづけてきたのである。

実験場、跳躍板として使われた満州

岸信介は、戦後になってから満州国時代を回想して、次のように書いている。
「民族協和、王道楽土の理想が輝き、科学的にも、良心的にも、果敢な実践が行なわれた。それは正しくユニークな近代国つくりであった。直接これに参加した人々が大きな希望のもとに、至純な情熱を傾注しただけでなく、日満両国民は強くこれを支持し、インドの聖雄ガンヂーも遙かに声援を送った。当時、満州は東亜のホープであった」[34]
しかし、岸が満州で推進したのは、まぎれもなく戦争準備のための軍需産業の急速な建設だったのであり、そのことを岸は十分意識しながらおこなっていたのである。さきに見たように、実際、彼はそう言っているではないか。
彼は、満州に、自分の統制経済構想、国家改造構想を賭けたのである。原彬久が言うように、この満州時代以後、「岸にとって日本の戦時体制は、ある意味ではみずからの野心と才能を時代に投映し検証していく格好の機会となっていく[35]」のである。

また、満州国自体が、特に一九三七年（昭和一二年）の日中戦争勃発後には、対中国の戦争、やがては太平洋戦争のための基地になっていき、そうした現実の前に五族協和、王道楽土はスローガンとしても色褪せていったのである。

もともとこの五族協和、王道楽土の理念を掲げた石原完爾自身は、これを本気で実現しようとしていたことは確かである。彼はみずからの『最終戦争論』で説いた終末論的預言のごとき日米世界決戦への過程として満州国を位置づけており、またその考え方が八紘一宇の世界天皇制による絶対平等・世界平和の実現という超天皇主義にそまったものであったとはいえ、協和と王道の実現を追求していたのである。

だが、それは観念ではあっても、現実的な政策を欠いていた。そこに現実的な政策を挿入して、石原のような観念的理想主義の軍人に代わって満州国の中枢を掌握したのは、「能吏型軍人、行政テクノクラート、特殊会社経営者の鉄の三角錐[36]」だったのである。「能吏型軍人」の典型が関東軍参謀長・東条英機であり、「特殊会社経営者」の典型が満業の鮎川義介だとするなら、「行政テクノクラート」の典型が岸信介にほかならなかった。

彼らが、五族協和、王道楽土を、そのスローガンはそのままにして、日本の対外膨張のための軍事要塞国家、軍需生産国家にねじまげていったのだった。岸自身が満州に来たときに板垣征四郎に語った目的、それは先に引いたように「日本国民のための満州」を建設するということだったのだ。この「日満一体論」が「鉄の三角錐」の共通認識だった。そして、一九三八年（昭和一三年）、石原完爾は、理想を託した満州国がそうした日本の従属国家にされてしまったことに憂憤を含んで辞任、協和会服のまま悄然と満州を去ったのである。

だから、岸が満州でおこなったことは政策科学的な意味で「科学的な」実験であったとはいえても、けっして「良心的な」実験であるとはいえなかった。このことは、彼自身、重々承知の上だったろう。だから、阿片政策についても、その推進を少なくとも黙認していたのである。

また、彼がここで称揚している五族協和、王道楽土の実態が、満州で暮らしてきた日本人以外の諸民族にとっては植民地支配以外のなにものでもなかったことは、岸自身十分承知していたに違いない。彼には満州の五族に対する愛情のようなものは、まったく感じられない。

総務庁法制処参事などとして岸といっしょに仕事をした法律家の武藤富男は、「満州国の産業開発は私の描いた作品である」という岸の発言について、「彼は関東軍の圧倒的な力を背景にして［自分が］飛躍しただけで、満州に骨を埋めるつもりでなかったことは明らかです。……そんな大ボラをいうと、満州に理想郷を作ろうとして、最後は切腹して果てた男たちに相済まないと思います」と反撥している。(37)

星野直樹は、満州に骨を埋めるために、一家を挙げて渡満し、子供は満州の大学に入れた。そして、日本に帰ってからも、満州の人々への眼差しをもちつづけた。それに比べると、岸信介にとっては、満州国は自分の実験の素材であり、そこで生きていた人たちは自分の野心の道具でしかなかったようだ。彼が「限りない愛着を覚える」と言ったのは、そこで創った自分の作品に対してのみなのである。

そして、満州での三年の活動を通じて岸信介が得たものは大きかった。それは、満州という新天地における産業の急速な重化学工業化という実験の成果であり、またそれをとりあえず成功させることによって得たさらなる野心実現のための跳躍板《スプリングボード》であった。岸は、満州をスプリングボードとして、そこで獲得したノウハウを逆輸入することを通じて、日本国内における戦時経済体制構築のテクノクラートへと飛躍していくのである。

アメリカの雑誌『フォーチュン』は、一九四四年四月号の日本特集で、満州国政府を「陸軍満州学校文官部」と呼んだということである。それによれば、日本陸軍は、まだまだ日本本土を思うがままに動かせるだけの政治力もノウハウもなかったので、そうしたものを獲得するために、「満州を稽古台にして、人と組織を動かしてみようとしたのである。かくして、満州国をひそかにその研修室と決めた関東軍は、ここに大は政治、経済から小は日常茶飯、住民の起居往来に至るまで細大漏らさず、まちがいなくこれを一手に握るプランを練り上げた。今日、政治の前面に立つ人物はここで研修を積んできたのである」というのである。(38) 岸信介は、まさしくその典型の一人だったといわなければならない。

星野直樹は、こう書いている。

「岸君は在満三年で、商工次官として東京へ帰って行った。だが、帰って行った岸君は満州に来た時の岸君ではなかった。省内随一の俊秀ではあったが、来た時の岸君は、まだ一介の官僚、良吏であった。が、帰って行った岸君は商工省を離れて、客観的に立派な日本の政治家に成長していた。……一生の方向は、この時にきまったといってよいかも知れない(39)」

（1）前掲・原彬久編『岸信介証言録』p.348
（2）同前 p.349
（3）吉本重義『岸信介傳』（東洋書館、一九五七年）p.90
（4）前掲・原彬久編『岸信介証言録』p.36
（5）同前 p.37
（6）前掲・原彬久『岸信介―権勢の政治家―』p.38
（7）同前 p.39
（8）岸信介・矢次一夫・伊藤隆『岸信介の回想』（文藝春秋、一九八一年）p.290
（9）同前 p.291
（10）八紘一宇を国体論として唱えたのは、田中智学が始まりである。彼の国体論については、田中智学『日本国体の研究』（天業民報社、一九二二年）、同『日本とは如何なる国ぞ』（天業民報社、一九二八年）参照。ただし、これらの本は国会図書館にもないので、間接的ながら田中智学国体論について参照できるものとして、田中香浦『田中智学』（真世界社、一九七七年）、小林英夫『昭和ファシストの群像』（校倉書房、一九八四年）の「補論　田中智学」を挙げておく。

(11) 田中惣五郎『日本ファシズム史』（河出書房新社、一九六〇年）pp.95-96

(12) 前掲・田中智学『日本とは如何なる国ぞ』pp.208-211参照。

(13) 岩見隆夫『岸信介―昭和の革命家―』（学陽書房人物文庫、一九九九年）p.32

(14) 前掲・岸信介・矢次一夫・伊藤隆『岸信介の回想』p.22

(15) 同前 pp.28-29

(16) 前掲・岩見隆夫『岸信介―昭和の革命家―』p.54

(17) 前掲・岸信介・矢次一夫・伊藤隆『岸信介の回想』p.17

(18) 前掲・岩見隆夫『岸信介―昭和の革命家―』p.108

(19) 同前 p.120

(20) 山室信一『キメラ　満洲国の肖像』（中公新書、一九九三年）p.16

(21) ジョゼフ・C・グルー［石川欣一訳］『滞日十年』上（毎日新聞社、一九四八年）p.41

(22) 前掲・岩川隆『巨魁　岸信介研究』pp.53-54

(23) 前掲・山室信一『キメラ　満洲国の肖像』（増補版二〇〇四年）p.352［増補版に追加された補章に記されている］

(24) 前掲・岩見隆夫『岸信介―昭和の革命家―』p.94-95

(25) 同前 pp.93-94

(26) 細川護貞『情報天皇に達せず』下巻（同光社磯部書房、一九五三年）p.302　なお、この情報を細川にもたらした伊沢多喜男は、政界を陰で動かす策謀家として知られた内務官僚で、革新官僚の前世代ともいうべき新官僚の代表的人物であった。
(27) 佐野眞一『阿片王』（新潮社、二〇〇五年）p.171
(28) 前掲・岸信介・矢次一夫・伊藤隆『岸信介の回想』p.33
(29) 武藤富男『私と満州国』（文藝春秋、一九八八年）p.270
(30) 前掲・岩見隆夫『岸信介―昭和の革命家―』p.113
(31) 同前 p.100
(32) 前掲・原彬久『岸信介―権勢の政治家―』p.74
(33) 同前 p.71　なお、岸信介のケースにかぎらない戦後保守の満州人脈全体については、小林英夫『満州と自民党』（新潮新書、二〇〇五年）が詳しく解明している。
(34) 満洲回顧集刊行会編『あゝ満洲』の序文。小林英夫『満州と自民党』p.159 より重引。
(35) 前掲・原彬久『岸信介―権勢の政治家―』p.67
(36) 前掲・山室信一『キメラ　満洲国の肖像』p.251
(37) 前掲・岩見隆夫『岸信介―昭和の革命家―』p.120
(38) 前掲・山室信一『キメラ　満洲国の肖像』p.266-267
(39) 星野直樹「岸信介来り又去る」、『文藝春秋』一九五七年一〇月号

第四章　国家総動員の司令塔
――戦時体制と岸信介――

高度国防国家と東亜自給体制へむけて

一九三九年（昭和一四年）一〇月、帰国した岸信介は、八月の独ソ不可侵条約締結に接し「欧州情勢複雑怪奇」との声明を出して総辞職した平沼騏一郎内閣の後継、阿部信行内閣の下で商工次官に就任した。ヨーロッパ大陸では、すでに九月に、ドイツ軍のポーランド侵攻開始により世界大戦の火蓋が切られていた。

特異な傀儡国家・満州国はキメラに喩えられたが、そもそもトマス・ホッブズが国家を喩えたのは、旧約聖書の陸の怪獣・リヴァイアサンであった。怪獣キメラの産業を首尾よく設計し、うまく御した岸は、その経験に基づきながら、今度は、より本格的な国家として大怪獣リヴァイアサンに喩えられるべき大日本帝国国家そのものに立ち向かっていくことになった。

このときのスタンスについて、岸はのちにこう語っている。

「国防国家という方向は出ていたけれど、ただ、それを恒久的な日本のあり方として考えているわけではない。先の見通しの中で、日本の置かれている情勢から、国防産業を中核として国防国家を考えなければいけない。そのためには国民生活がある程度不自由になってもやむを得ない」[1]

ちょうど満州でやったのと同じように、日本国内においても、軍需産業を中心とした産業再編を、国民生活を犠牲にしてでも、進めようというわけである。岸は、腹心の椎名悦三郎を総務局長に据え、商工省を牛耳っていった。実際、情勢は、どんどん岸が考えていた方向に進んでいった。いや、産業経済政策についていうならば、岸自身がそちらに進めていった、というほうがいいかもしれない。

一九四〇年七月には「新体制運動」を旗印にして、軍部はじめ新しい体制を求めていた衆望をになって第二次近衛文麿内閣が発足した。岸信介は、依然として商工次官である。近衛は、組閣直後に決定した「基本国策要綱」と「対外国策要綱」にもとづいて、九月には日独伊三国軍事同盟に調印、対外的には南方進出策と対英米戦争の準備に進んでいくとともに、国内的には一〇月に大政翼賛会を発足させた。

と同時に、従来進められてきた経済統制の方針においても大きな転換が図られ、経済の英米依存から脱却する方向にむかって、「高度国防国家」の建設と「東亜共栄圏」の自給を目標にした。そして、すでに第一次近衛内閣が一九三八年（昭和一三年）に公布していた国家総動員法にもとづきながら、各分野において各種統制令の再編成、勤労新体制確立要綱、日満支経済建設要綱、大日本産業報国会の結成、経済新体制確立要綱、人口政策要綱、科学技術新体制確立要綱などが、一〇月から翌年五月にかけて次々と立案ないし実施されていったのである。なかでも、同年一二月の経済新体制確立要綱は、東亜自給圏の確立と高度国防国家の建設をめざし、生産増強を根幹とする相当に踏み込んだ経済統制を主眼としたものであった。

こうした統制経済体制は、まさに岸信介が以前から考えていた構想に沿うものであり、実際にこれを推進したのは、岸を中心として集まった、いわゆる「革新官僚」グループだったのである。むしろ、彼らが近衛内閣の政策をそちらの方向に引っぱっていったのである。

革新官僚の兄貴分・岸信介

「革新官僚」という、言葉どおり新型のテクノクラート集団の形成は、一九三五年（昭和一〇年）五月に内閣審議会事務局として設置された内閣調査局に始まる。これは、各省庁の枠を越えて人材を集めて、独自の調査研究機能をもった挙国一致の国策策定集団をつくろうとしたものであった。ここに各省庁からそれぞれに大きな構想をもった優秀な人材が集まり、省庁の枠を離れて自由に政策立案を追求するようになった。これが革新官僚の原型である。

二年後の一九三七年（昭和一二年）五月、これが企画庁に発展的に解消する。この企画庁は、重要政策の起案をするとともに、大臣が各省庁から提出する重要政策も審査し意見を具申する権限をあたえられていた。つまり、重要政策は、すべてここを通過しなければならないということになったのだ。

そして、さらに同年一〇月、これがより一層拡充されて、企画院となる。これは内閣総理大臣直属の機関としてこれまで以上に広範な権限を付与されたものであった。しかも設置の時期がちょうど日中戦争勃発のときにあたったので、たちまち戦時体制構築の統合参謀本部のような役割を果たすものになっていった。

この企画院のスタッフがもっとも充実したのが、一九四一年（昭和一六年）から始まる陸軍中将・鈴木貞一の企画院総裁時代で、大蔵省出身の迫水久常、商工省出身の美濃部洋次、逓信省出身の奥村喜和男、興亜院出身の毛利英於兎が企画院の四天王と呼ばれた。これらは、すべて革新官僚の俊英ばかりであった。彼らの下、多士済々がよりつどい、企画院は、革新官僚の梁山泊になったのである。

そして、これら企画院四天王はもとより、当時の革新官僚の主要部分は、すでに岸信介の下に結集していたのだった。

それよりまえに岸信介が満州から帰ってきたとき、革新官僚の面々は、国防国家への国内改造を国策として承認されるところまでもっていこうと懸命になっているところだった。そこに、満州国で彼らが考えているような改造を実現してきた岸が帰国したのである。彼らは、商工省で岸の部下だった美濃部洋次をはじめ、程度の差はあれ渡満以前の岸の人脈に含まれている者たちであった。そこで、岸を中心とするフラクションが出来上がる。

当時、国策研究会を主宰し、政・官・財の革新グループのコーディネータとして働いていた矢次一夫は、こう言っている。

「岸さんを中心に何かやろうではないかというので、私もその一人だったけれど、秋永［月三］とか、陸軍の軍事課長・岩畔豪雄、大蔵省の谷口恒二、農林省の重政誠之、鉄道省の柏原兵太郎といった連中が十数人集まって月曜会という革新官僚の会をつくった。ここで月曜日に政策論議がたたかわされ、翌火曜日が閣議の日なのです(2)」

閣議をめあてに前日に政策論議をして、それを閣議の席で出して論議を起こしたりしていたのだから、完全にフラクション会議である。その中心にいたのが岸信介であった。革新官僚のメンバーは、世代が共通していて、だいたいが「大正一四、一五年組」、つまり岸の四、五年後輩で官庁入りした連中で、東大法学部出身が多かった。自然に、岸が親分というよりは兄貴分として中心に座ることになったのである。

そのうち、月曜会のなかから、阿部内閣では何もできないから、こんな内閣は打倒しようという意見が出て、これが大勢を占めるということになってくる。どうも動きがおかしいということで、特高（特別高等警察）がマークするようになった。これがやがて、一九四一年（昭和一六年）一月から三月の企画院事件につながることになる。企画院調査官の和田博雄、稲葉秀三、勝間田清一、正木千冬、佐多忠隆らが治安維持法違反で警視庁に検挙された事件である。

この企画院事件は、岸らのグループとは異質なマルクス主義者、社会主義者残党が摘発されたものであった。企画院のスタッフには、社会科学的な思考と知識が必要だったので、けっこう、元左翼が加わっていたのである。企画院事件は、そうした部分が「当面国家の要請する革新に便乗して、社会主義社会実現を容易ならしむる経済的・社会的条件（社会変革の客観的条件）を促進成熟せしめる進歩的政策の実現に努め、もって社会主義実現の主体的条件たる日本共産党の目的達成を容易ならしむる本質的任務を果たしつつありたるもの」（警視総監報告）とされたものだったが、「社会変革の客観的条件」「進歩的政策の実現」はともかく、「日本共産党の目的達成」云々はまったくのでっち上げであった。

そして、革新官僚のこうした部分と迫水、美濃部ら岸グループとは無関係だった。だが、財界のなかには、私的利潤の制限などを主張する革新官僚全体を敵視する見方が強く、岸グループをも「アカ」として排斥しようとしていた。そこで起こったのが、第二次近衛内閣における商工大臣・小林一三と次官・岸信介の衝突だった。

小林一三は、阪急電鉄と沿線の地域開発、宝塚歌劇などの文化事業で名を知られた経営者だったが、池田成彬と並ぶ自由経済擁護論者、リベラリスト財界人であった。それと統制経済論者、革新官僚の総帥の岸信介とを組み合わせたのは、近衛文麿の意図的な人事だったが、その意図は実らず、両者衝突の末、一九四一年（昭和一六年）一月、小林がついに岸に辞職を求めたのである。そのきっかけには企画院事件があった。

当時、企画院は高度国防国家と東亜自給体制に向けて、「経済新体制確立要綱」を策定中であった。この要綱案には、資本と経営の分離、私的利益追求の否定、政府の企業に対する監督権の強化など、統制経済のグレードアップが盛り込まれていた。この要綱案の作成には、もちろん岸が大きくかんでいたが、出来上がった案を見た小林は、これはアカの思想だと断定し、ときあたかも起こった企画院事件をも材料にして、岸辞任、岸解任へと走ったのである。

結局、岸は商工次官を辞任した。

それでは、岸信介はほんとうに「アカ」だったのだろうか。すくなくとも岸の思想は社会主義の要素を何らかの形で含んでいたのだろうか。それに答えるためには、革新官僚の思想がどういうものだったのかを見ておかなければならない。

そこで、「アカ」まがいの思想として財界から最も敵視された「民有国営」論がどんなものだったのか検討することを通じて、革新官僚の思想の特徴を見ておくことにしよう。

民有国営論と私的所有権の制限

一般に、戦争は、重化学工業である軍需工業の肥大化をもたらし、それは電力需要の大幅な増大を招く。こうした事情から、当時の日本では、大陸における戦争の拡大にともなって電力増産が焦眉の課題となった。

すでに、岸信介が主導した一九三一年（昭和六年）の重要産業統制法をきっかけに電力カルテルが実施されて大電力会社からなる電力連盟と国家との癒着が進んでいたが、ここで逓信省の革新官僚・奥村喜和男が民有国営方式の電力国家管理案を提出し、さらに一段上の段階、すなわち電力国営化を図ろうとしたのである。

この構想は、国策会社をつくって、電力会社が所有する全電力設備を、所有関係はそのままにして、資本として出資させ、その設備を使って、政府が発電・送電事業をおこない、設備使用料をその国策会社に支払う、というものだった。設備の拡大・縮小は、自在におこなえる。つまり、設備を所有権の上では私有のままにして、経営・管理権を国家の手に移してしまおうというわけである。したがって、この方式は「民有国営」、「私有公営」、「私有共用」などという呼称で呼ばれた。概念としては同じである。

この電力国営化に対して、電力業界は猛反対し、これを「アカの思想」であるとまでいったのだが、一九三七年（昭和一二年）の日中戦争勃発により、電力大増産の体制が必要となってきたことによって、ついに一九三八年（昭和一三年）に法案成立の運びとなった。そして、この電力国営化は、以後、先に見たような、資本と経営の分離、私的利益追求の否定、政府の企業に対する監督権の強化を盛り込んだ経済新体制確立要綱実質化の突破口になっていった。

この「民有国営」論の背景には、単に戦時に対応した経済というにとどまらない、私的所有そのものに対する制限をおこなうべきだとする主張があった。奥村喜和男は、次のようにのべている。

「私有財産の法認は、人間活動の刺戟であり、誘因である……しかし財産の私有は、その反面において、所有権の絶対主義、不可侵性の名において、多くの矛盾をもたらしはしなかっただろうか。個々人が私有の絶対性を主張して、国家の目的に犠牲的に努力しないならば、挙国一致の物質的基礎は、そこに根本的に破壊されざるをえない。かりに言葉の上だけで、国家に奉仕し、国家目的に協力するといっても、その物的基礎において対立し、分裂し、協力しないならば、その協力一致論は全くの空中楼閣である(3)」

奥村は、これを「日本所有権の日本的醇化作用」と称していた。ここには、オットリリエンフェルト・ゴットル、オトマール・シュパンら初期ナチスの経済学者・社会学者が唱えた「国民的規模において成立している共同社会的《ゲマインシャフト》『全体』がその構成員である『個』に対して道義的・論理的に優位に立つ」「そのうえで、構成員の諸集団が層位《シュタント》をなして階層的に秩序を構成する」という全体主義経済論の影響が見られる。

岸信介も、ゴットルらの影響を受けて、私的所有の制限論に傾倒していたことを認めている。「ゴットルは私も読みましたよ。理論的にはある程度研究しました。[けれど] われわれは統制経済論によって何か社会革命を行なおうというのではなくて、現実の政治的な必要からこれを用いたように思うんです(5)」

そして岸は、「三井・三菱の経営者といえども、たんに三井・三菱の使用人ではなく、独立した立場で経営に当るべきだ。勿論、あくまでも会社の人だけれど、資本を代表する経営者ではない、完全に資本と切り離せ(6)」と、資本と経営の分離を主張している。このように一般的な意味で主張される「資本と経営の分離」は、資本は私的なものでいいが、経営は公的なものであるべきだ、という形で、容易に「私有公営」さらには「民有国営」に転化しうるのである。

権威主義的テクノクラートとしての革新官僚

さて、このような思想を懐いていた革新官僚とはどんな性格のグループだったのか。

先に見たように、この新しい官僚グループの形成は、一九三五年（昭和一〇年）五月に内閣審議会事務局として設置された内閣調査局に始まるわけだが、そうしたグループが一九三六年（昭和一一年）の二・二六事件の後から、「新々官僚」という名で呼ばれて一般にも注目されるようになった。それは、まずは「軍部の政治進出、それに対応する政党勢力の弱体化、さらには議会機能の後退という情勢を背景として、従来政党内閣の下になりをひそめていた官僚の役割が、はじめはむしろ自動的に、のちにはそれ自体のイデオロギーをともなって、急速に肥大していった[7]」結果出てきた官僚群を指しているものだったが、それが次第に「新体制」への動きに煮詰まっていくにともなって、その立場をさらに明らかにして積極化していくようになり、一九四〇年（昭和一五年）以降の「新体制運動」のなかで、はっきりと「革新官僚」という呼称で呼ばれる集団が浮上してきたのである。

その典型の一人である美濃部洋次の経歴を見ると、彼ら革新官僚の人物像が浮かび上がってくる。

美濃部洋次は、天皇機関説の憲法学者・美濃部達吉の兄俊吉の子であり、やはり一中、一高、東大法学部とエリート・コースを進んでいる。そして、農商務省に入る。先に見たように、大正一五年入庁組である。

彼らは、第一次大戦の戦後派、すなわち言葉の真の意味におけるアプレ・ゲールの日本版だったのである。[8]エリート・インテリゲンティア青年だった彼らは、思想的懊悩にとらわれて、さまざまな思想や文学を渉猟して自己の立場を探究した。美濃部もそうだった。

おもしろいのは、彼が、高校時代の柔道部で、のちに共産党幹部になる志賀義雄、水野成夫らと親しく交わり、デモクラシーやコミュニズムの思想にも触れて研究もしていることだ。それも自分では「少しかじった」といっているが、けっしてその程度のものではなく、それなりに相当つっこんで研究していて、それを通じて社会科学的発想を身につけている。これが革新官僚にほぼ共通して見られる特徴である。

この点について、思想史家の藤田省三は、次のようにのべている。

「この中心グループではマルクス主義は学生時代の周囲の状況からかなり自然に大した意図的努力なしに頭に入り込んだものであり、またその程度であった。頭に入り込んで定着したものは、マルクス主義の社会の把え方、つまり全機構的把握の仕方であり、従ってまた世界観尊重の姿勢であった。それは日本では実にザン新な考え方であった。明治時代の善意の役人のように牧民官として被治者を一人一人教導して最後のところで郡全体県全体国全体を良く治めようとするのでは駄目なのであって、社会は結局具体的人間から独立した人間の関係そのものなのだから、その関係の構造つまりメカニズムを把えそれを動かすことで社会問題を解決するのが政治であるという考え方が『全機構的把握主義』から生れてくるのである」[9]

だが、そうでありながら、同時に、社会主義者にはならなかったのも、彼らの特徴である。彼らは、社会科学的発想を身につけたが、それを、理想社会をめざす根本的社会変革の方向に向けていくのではなく、現実社会を現実的に運営する社会工学《ソシアル・エンジニアリング》として駆使していく方向に行くのである。だから、彼らは、マルクス主義者のような革命家ではなく、現実社会を現実的に運営する官僚になる。美濃部の場合は農商務省である。かくて、美濃部は、「官僚としてやっぱり理想的な一人といえば美濃部だろうね」(10)と岸信介が述懐するような官僚になっていった。

そして、彼らがそのように優秀であったとしても、それなりに社会機構が平穏に回転し、今日は昨日のごとくであり、明日もまた今日のごとくであろう日々には、彼らをほかの凡百の官僚と区別するものはさほど明確ではない。しかし、それが崩れ、機構を変え、新たな体制を構築しなければならないことが痛感されてくる危機の時代にこそ、彼らの本領が発揮されてくる。

当時、革新官僚の中心人物、毛利英於兎は、こう発言している。

「今までの法制的官僚から、いわゆるクリエーティヴな官僚でなければならぬ。いままでは法律立案運用解釈のコンサヴァティヴ・エンジニアであったが、これからはクリエーティヴ・エンジニアでなければならぬ(11)」

こうして、彼らの社会科学的発想、藤田省三のいう「全機構的把握」の思想が、体制内体制変革、メカニズムの組み替えのデザインに向けて動員されていくのである。それは、当時のコミュニストが懐いていたプロレタリアートの世界史的使命を実現する「社会主義革命の前衛」意識とは異質ではあるが、やはりある種の前衛意識に支えられていくことになる。

それは、アジアの盟主としての日本の世界史的使命を実現する「国家改造の前衛」意識であった。コミュニストの前衛意識は、共産党という前衛党への加入によって主体的に現実化されるものであったが、革新官僚の前衛意識は、基本的に、ファッショ的な指導者原理によって権威主義的に基礎づけられるものであった。

彼らは、コンサヴァティヴ・エンジニアではなくてクリエーティヴ・エンジニアとして活動しようとした点において前衛的だった。だが、その創造性《クリエイティヴィティ》は、軍部が主導する政治路線に従属することによってのみ、それを現実化する保障をえていたのである。したがって、革新官僚は、権威主義的であることによって、みずからのテクノクラートとしての役割を創造的なものにすることができるという点で、「権威主義的テクノクラート」だったのである。

近代史家の小林英夫は、昭和ファシストを三つの類型に分けている。[12] ここで小林が言う「昭和ファシスト」は、われわれがこの本で使っている言葉でいうなら「昭和ファッショの思想」の体現者というのとほぼ同義と考えていい。小林によると、三類型のうち、第一の類型は、「新体制構築」派で、北一輝、石原完爾らがこれに当たる。第二の類型は、井上日召、橘孝三郎、権藤成卿ら「現状破壊」派である。そして、第三の類型が、「権威主義的テクノクラート」派で、その典型としてあげられているのが岸信介にほかならない。

いまのべたような意味で、革新官僚全体が、この「権威主義的テクノクラート」派に分類されるといっていいだろう。また、彼らを官僚組織のなかから析出し、みずからの政治路線のために動員した秋永月三ら革新将校と呼ばれた部分もまた、軍部における権威主義的テクノクラートにほかならなかった。

そして、官僚における革新官僚と軍部における革新将校は、相互補完しつつ、全体として天皇を権威とする権威主義的テクノクラートとして機能したのである。革新将校は、戦争準備のためには経済の軍事従属が必要だとして、そのために統制経済の構築を推進していったのに対し、もともと私的所有権を制限した全体主義的計画経済をめざしていた革新官僚は、そうした統制経済体制を推進することによって経済の軍事化という要請に応えていったのである。

そこにおいては、橋川文三がいう「あたかも軍部が、統帥大権の解釈をある極端に推しすすめることによって、青年将校運動の悪無限的急進化をひきおこしたのと似た意味において、革新官僚勢力は、高度国防国家の歴史的必然という解釈を急進的に推しすすめることによって、既成国家体制の無限の変革（ファッショ化）をひきおこそうとしたのである(13)」という指摘が正鵠を射ていることになる。

日米開戦――勝てると考えていた岸信介

小林一三商工大臣と衝突して次官を辞任した岸信介に、ふたたび出番がまわってくるのには数か月しか要しなかった。

一九四一年（昭和一六年）一〇月、東条英機内閣が成立、岸は商工大臣に就任した。岸信介は、四五歳という若さでついに大臣になったのである。しかも、日本全体にとってきわめて重大な局面での入閣であった。

実は、その前に岸が商工大臣になるチャンスはあった。第二次近衛内閣組閣のとき、近衛は岸に商工大臣就任を打診したのだが、岸は、「自分がいま商工大臣になると、まるで抜き身をひっさげて登場したような感じを財界はもつだろう」といって断ったのである。いまはまだ準軍事体制のようなものだから、抜き身つまり統制経済の強硬措置を感じさせて反撥させてはうまくいかない、というわけである。

前に見たように、岸は、満州に招請されたときにも、満州での仕事に野心を燃やしながらも、機が熟していないことを察して、代わりに椎名悦三郎を送り込み、根回しと下工作をさせるという手段を取った。このように、慎重に機が熟するまで待ち、その間にさまざまな手を打っておくのが岸のやりかたなのである。

彼は、野心家であり、権力志向が強いのだが、その野心は、ただただ大臣になりたいとか名誉がほしいとかいう低レヴェルのものではなく、大志に通ずるambitionのレヴェルのものにほかならなかったのだ。また、その権力志向も、闇雲に大きな権力を手にすることをめざし、権力を手にしたらそれをやたらにふりまわしたがるような権力亡者とは異なるものなのである。その点をふまえたうえで、岸の言動を評価しなければならない。

岸信介が商工大臣になったときには、日米対立が抜き差しならない局面に達しており、日米開戦か戦争回避か、ぎりぎりの選択が迫られていた。国論は二分されており、東条は対米主戦論であった。そして、アメリカの最後通牒ともいうべき「ハル・ノート」を受け取った数日後の一二月一日、御前会議が開かれ、ここでついに対米開戦が決定されたのである。岸は、開戦の詔書にほかの大臣とともに副署した。

この時点において、岸信介は、少なくとも対米開戦賛成だったのである。この点は、戦後政治において岸が復活するときに問題になった。のちに見るように、一九四〇年代後半から五〇年代の戦後保守政治においては、岸信介の路線と吉田茂の路線が対立していた。このとき、対照的だったのは、吉田があくまで開戦に反対でグルー米国大使に国家機密を漏らす行為までして戦争を防ごうとして主流からはずされた外交官だったのに対し、岸は開戦に賛成して閣僚として戦争を推進した官僚政治家だったという点である。

日米開戦の時点で、岸は、アメリカに勝利できると考えていたわけではなかった。それは、たぶん、一九二六年（大正一五年）にアメリカを視察して、その巨大な生産力、国力に接したときからもっていた見通しだったろう。アメリカと戦っても、緒戦で一定の戦果をあげたうえで、どこかで手を打って和平を実現し、そのときまでに取れるものは取っておく、という腹だったにちがいない。岸は、日米戦について、次のように語っている。

「当時、ＡＢＣＤの包囲陣で、ことに日本への油の供給が断たれる。そうすると戦争はやれない。したがって戦時経済をどうするといっても見当がつかない。そういう計画は立てられないというのが、私の気持だった[14]」

「とにかく油（石油）を最小限確保するというのが、そのときの戦争目的だったと思うんです。しかし当然のことだが、アメリカと戦う以上はワシントンに攻め入って『城下の誓い』をそのアメリカになさしめるという決意を持たなければ、本来日米戦争などできないと思うんですよ。しかし、そういう考え方は軍部にもわれわれにも全然なかった。……だから最小限の生存を確保したときに、いかにして戦争を終結するかということを考えるべきであった[15]」

「まず朝鮮において必要なものを押さえてしまえば、あとは手を上げて戦争を早くやめるべきだというのが、われわれのいい分だったんですよ[16]」

「そりゃあナンですよ、あの戦争ではシンガポールを陥れたあたりで（一九四二年二月）……やめりゃね。アメリカとの戦争をやめさせるナニがあったらねえ……[17]」

要するに、特にインドネシアなどの油田を確保し、対中国戦争を遂行するうえでの資源確保を達成した段階で、アメリカなどとの和平をおこない、中国戦線に集中する、という戦略である。最低の線としては「朝鮮を押さえる」というようなことをいっている。このへんには、朝鮮、中国など極東の諸民族をほとんど自分の持ち物のように見なしている口吻が感じられる。

そして、ここにも示されていることだが、岸には一貫して、日本が盟主となった東亜新秩序において自給体制を確立し高度国防国家を維持するという「生存圏」的発想が濃厚である。つまり、大東亜共栄圏という名によってはいるが、本質は日本帝国主義の生存確保である。岸にとっては、それが、日米戦の戦争目的だったのである。そして、そういうところに戦争目的を限定するなら、この日米戦には勝てるというのが岸の見通しだったのである。

岸は当時次のようにいっている。

「かく観来れば大東亜地域において自給し得ざるものは僅々数種に過ぎないのであって、これ等とてもわが科学、技術の力により代用資源を合成創造することが出来、資源の不足は十分補填し得ると思ふ。かくてわが国は東亜共栄圏の基礎の上に世界無比の完全なる国防国家を建設することが出来るのであって、東亜経済の前途誠に洋々たるものがあると云はねばならぬ(18)」

したがって、そのような判断から開戦に賛成し、詔書に副署した岸には、そうした判断とそれにもとづくその後の閣僚としての行動について、戦争指導責任が問われなければならない。

岸機関を中心とする国家独占体制――統制会と産業設備営団

それでは、岸信介の閣僚としての戦争指導とはどのようなものだったのか。

商工大臣としての岸が担当したのは、この対英米戦争という総力戦において、産業経済のあらゆる分野で総力戦にふさわしい総動員体制を確立し、稼働させることであった。

ここで岸は、先輩、同輩を部下にすると遠慮が出てしまうという理由をつけて、商工省の人事刷新をおこなう。そして、一貫した側近である椎名悦三郎を次官に抜擢し、美濃部洋次はじめ革新官僚を中心にした岸人脈で幹部ポストを固めた。これによって、意のままに行動できる体制をつくりあげたのである。

そうした体制で岸がまずおこなったのは、重要産業団体令にもとづく各産業分野での統制会の組織化だった。

岸は商工大臣に就任するとすぐ、すでにこの年の八月に公布されていた重要産業団体令を実施するために重要産業指定規則を公布し、それにもとづいて、鉄鋼、自動車、貿易をはじめとする一二の重要産業分野で「統制会」という組織をつくりあげた。

統制会というのは、鉄鋼だとか自動車だとかいうそれぞれの産業分野において、その産業の生産、供給の計画、さらには事業を展開していくうえで必要な資材、資金、労働力の調達に関する計画、そうした計画を政府と一体になって作成し——といっても基本的に政府が作成する計画に企業が「参画」するという形であるが——、そうした計画にもとづいて、その産業内部の企業に対して指導・統制することを任務とするものだった。それぞれの産業ごとの統制会だけでなく、それら全体を統括する中央統制会もつくられた。

これは当然企業整理をともなうものだった。これについて、岸は「企業整理という問題はとにかく国民生活、中小企業に影響があった。非常事態だから、大分不平はある、にも拘らず相当思いきった点まで実行した」と語っている。それに対して、当時岸の周辺にいた矢次一夫は「中小企業がつぶされて徴用され、労働力になって工場に送り込まれる」という「革命的なこと」が起こっていった、と評価している。[19] ともかく、非常事態の名による有無をいわせない統制によって、多くの中小企業がつぶされ、そこで働いていた人たちは、基本的に大企業に労働力として吸収されていったのである。

この統制会を通じて、岸および岸が率いる商工幹部と各産業経営者との間には、広く深い関係が網の目のように張りめぐらされることになった。統制といっても、国家の思うがままに一方的に動かすというようなものではもちろんない。国家と各産業の中枢企業および全体の財界幹部との間に密接な癒着関係がつくりあげられ、その関係を通じて、国家は独占企業の利益を排他的に確保してやることを通じて国家目的を推進し、独占企業は国家目的に沿う事業に貢献することによって排他的利益をえるという両者持ちつ持たれつになっていくのである。これは、重要産業統制法以来の国家独占資本主義体系を、統制会という組織を確立することを通じて、より高度にしたものだった。私的所有を制限するということは、私的利益を制限するということでは必ずしもないこと、むしろ戦争によって肥え太る企業が絶えないのが軍国経済の恒であるということを知らなければならない。

それとともに、岸は、やはり日米開戦から三週間しか経たない時点で、産業設備営団という組織を設立する。この営団は戦時統制経済の象徴といわれた。その目的は、戦時において軍需産業や国家が生産拡充を計画している産業などの「国家緊要産業」の設備で、事業者が建設したり維持したりするのが困難なものを営団が代わって建設・維持し、また大事な施設なのに、戦時にともなう需要の変化、貿易の途絶による販売市場の変化などから使われないままになっている未動遊休設備について、この営団が買い上げて、これを転用することにあった。

ここに実に国家予算の約三割、五〇億円近くの資金を動かす産業設備営団が誕生した。これは特に未動遊休施設買い上げにからんで、巨大な利権を生むものであった。買い上げに際して、その評価額を決定する評価委員会の委員長には岸自身が座り、一般部会の部会長は椎名悦三郎、要所要所には商工省総務局長・神田暹、大蔵省書記官・伊原隆といった革新官僚上がりの「岸親衛隊」といわれる人物が配置され、民間人としては、藤山愛一郎、安川第五郎、伍堂卓雄など、のちのちまで「岸人脈」を形成した財界人が選ばれていた。その意味で、この産業設備営団はまさに「岸機関」と呼べるものであった。

買い上げ自体が民間企業にとっては恩恵になったし、また買い上げされた未動遊休設備は、たとえば造船業などに転用されて新たに建設が進められ、完成するとふたたび民間企業に貸し付けられたが、そのときは時価または簿価のいずれか低いほうの金額で譲渡される特約条項がついていたから、これまた産業界にとっては恩恵をえるチャンスとなった。したがって、この産業設備営団の業務を通じて、岸機関の官僚岸親衛隊と財界岸人脈との間には、非常に深い関係ができたのである。そして、それは、戦後、大きく生きてくることになる。それについては、のちにあらためてのべることにしよう。

中国・朝鮮における総動員と内地移入

日米開戦後一年を経ずして、日本の軍事経済は深刻な労働力不足をきたした。そこで、東条内閣は、一九四二年（昭和一七年）一一月に、中国人労務者内地移入方針を閣議決定したのであった。そこには、次のように書かれてあった。(20)

「内地に於ける労務需給は愈々《いよいよ》逼迫を来し特に重筋労働部面に於ける労力不足の著しき現状に鑑《かんが》み……華人労務者を内地に移入し以て大東亜共栄圏建設の遂行に協力せしめんとす」

「本方策に依り内地に移入する華人労務者は之を国民動員計画産業中鉱業、荷役業、国防土木建設及其の他の工場雑役に使用することとするも差当り重要なる鉱山、荷役及工場雑役に限ること」

つまり、肉体重労働に従事する労務者が不足しているから、中国から連れてこよう、特に鉱山の鉱夫や荷役人夫に使うことにしよう、ということだ。この方針を実行する最高責任者の一人は、商工大臣として鉱山、重要工場における生産増強を担当していた岸信介であった。

この閣議決定に基づき、満州、中国華北十数省から少なくとも四万一七〇〇人を超える中国人が「移入」され、主に鉱山に配置された。これら労務者の募集は、華北労工協会、新民会などの現地機関を通しておこなわれることになっていたが、実際には日本政府出先機関に「割当行政供出」の形で目標が割り当てられ、目標が達成できない場合には関東軍などの軍が関わって中国人を強制的に連行して員数合わせをしていたのである。満州国で三年間行政に携わった経験のある岸は、実態としてそのようになることは充分に承知していたことだろう。

そのころの満州の実態について、満州重工業総裁の地位にあった高碕達之助は、次のように書いている。

「炭鉱や工場の満人労働者の状況を視察してみると、不潔な宿舎、食堂、浴室、それに粗衣粗食は、私の想像以上のものであった。満人労働者の食事は、あたまをはねられているのである。また浴場に行ってみると、風呂の中に下駄ばきで入っている。聞くと、浴場の外に置くと盗まれるからだという。その合宿所は、とうてい人の住むところとは思われなかった(21)」

「そこには王道も、楽土もなかった。あったのは、力を以てする支配、ただそれだけであった。政府はまれに満洲人を喜ばそうとして何かすることがあっても、それは単に表面の体裁を飾るに過ぎず、娯楽施設の如きも、すべて日本人本位のもので、真底から満洲人の大衆を喜ばそうとすることは、何事もなされていない。私は義憤を感じた(22)」

「生産増強も、その裏に、強制徴用による満洲人労務者の大きな犠牲があったのを、見逃すことは出来ない。いやがる満州人を強制徴用し、しかもその待遇は、依然として改善されてはいなかった。また本渓湖では、爆破事件のため、二千人の労務者が犠牲となったことがあったが、これなどは強制徴用の労務者に、少なからぬショックを与えたものであった。終戦後、炭鉱労働者の日本人に対する反感は最もはげしく、この方面で日本人の犠牲を最も多くだしたのも、おのずからそこに原因があったものと思われる(23)」

満州国経営のトップの目から見ても、このような状態だったのである。これが国家総動員体制下の植民地の状態であった。

これより前、朝鮮人労務者の内地「移入」は、すでに実行されていた。一九三七年（昭和一二年）

には日本石炭連合会と土木工業会が、労働力不足を補うため朝鮮人労務者の移入を要望していた。それが実行されたのは、岸が商工次官だった一九三九年（昭和一四年）からで、百万人移入計画が立てられて、実際に七〇万人以上が渡航してきたと見られている。これも中国人労務者同様、事実上の強制連行がおこなわれた。これにも岸は責任者として関わっていた。

岸商工大臣が、鉱山の増産にどのように取り組み、労働者にどのような要求をしていたのか、を示す資料がある。一九四三年（昭和一八年）に足尾銅山でおこなった訓示である。岸は、次のようにのべている。(24)

「私は只今御紹介を受けました岸商工大臣であります。本日只今足尾に到着いたしました。去る一日から向ふ二カ月間重要鉱物非常増産強調期間が設けられ、私は一日の朝マイクを通じ、全国の山々の人に本期間の設定せられた趣旨と増産期間内に於ける格段の御健闘を御願しました。……マイクを通じて御願しただけでは足りなくて、本期間の始めに当地へ参りましたことは単なる見物やものずきで来たのではありません。今日の状態は吾々国務大臣が一日でも任務を離れることはよほど重大なことでなければ出来ません。当鉱山に私が参りますには陛下の御裁可を得て参ったのであります。鉱物増産が大東亜戦の勝敗を決める上に於て如何に重要な問題かが御分りと思ひます。……東条総理が口癖に国民を激励する言葉に、不可能を可能にする、2+3=80にせよという言葉があります。常識的には不可能でありますが、それは平時の常識で、非常の場合、我々が生死を超越せるとき、2+3=80となり不可能が可能となるのであります。皇軍将兵の働きは全く2+3=80であります。……ここに於て銃後に於ける吾々も2+3=80の精神力を発揮して普通では考へられぬ増産をなし遂げねばなりません。……私は帰ってから、伺った山の出鉱を表にして、毎日これを眺めて、期待以上の数字を示されたときには思はず目頭を熱くし、以下の時には何か鉱山に変ったことがあるのではないかと案じているのであります。どうかこの私の気持をくまれて期待以上の数字を示されることをお願いして本日の講演を終ります」

この「2+3=80」を精神主義だという人もいるだろう。だが、あれほどの合理主義者・岸信介が、こんな非合理的な精神主義に陥るだろうか。単にアジテーションに精神主義を用いたというのではなく、ここには国家総動員の思想そのものに内在する問題があらわれているように思われる。それでは、国家総動員の思想とは、いかなるものだったのか。

国家総動員の思想

国家総動員の思想とは、人を物と同じものとして考える思想であった。権利というものを棚上げにする思想であった。

大日本帝国憲法においても、第二三条で「日本臣民ハ法律ニ依ルニ非スシテ逮捕監禁審問処罰ヲ受クルコトナシ」とあるように、法律の留保の下ではあるが人権を認めていた。ところが、国家総動員法は、天皇の非常大権をたてに、「法律ニ依ルニ非スシテ」も臣民を国家が動員することができるとしたところに、その核心があった。

国家総動員法第一条は、「国家総動員」を規定して、戦時または準戦時において「国防目的達成の為国の全力を最も有効に発揮せしむる様人的及物的資源を統制運用する」ことだといっている。また同法は、そのためには戦時・準戦時においては、勅令によってそうした措置を取りうるのであって、帝国議会の協賛をえる必要はない、と規定していた。

大日本帝国憲法においては、日本臣民は臣民としての権利をもつものと規定されていた。ところが、国家総動員が必要な時点では、臣民はこの「権利の担い手」から「人的資源」に変えられてしまい、勅令のままに物的資源と同様に使用されることになるのである。ここに国家総動員の思想があわれており、それはまた、岸たち革新官僚が追求してきた統制経済体制の根幹にあった思想でもあるのだ。彼らが、朝鮮人や中国人の労働者を物のようにあつかったのは、民族差別意識のためだけではない。むしろ、こうした「人的資源」視が根本にあったからであり、日本臣民だって人的資源なんだから、朝鮮人・中国人なにをかいわんや、ということだったのだ。

一九三八年（昭和一三年）、国家総動員法の国会審議では、当然、こうした臣民の権利侵害の点が問題になった。民政党の池田秀雄は、「昭和の聖代に於て、大権事項を内容にして法律案となり、其法律案が委任立法の内容を含んでゐるといふ怪物がここに現はれた」と、この国家総動員法が大権をたてにすべての法律を乗り越える法律という怪物になっている点を批判したし、ほかに民政党の斎藤隆夫、政友会の牧野良三なども、臣民の権利、自由を法律の留保を越えて規制するものである点を批判した。(25)

ところが、街のあちこちには「国家総動員法ニ反対スル者ハ現状維持ノ走狗ナリ」というビラがいっせいに貼られ、反対派議員の身辺が危うくなった。社会大衆党の安部磯雄代議士が右翼に襲撃されるという事件も起こった。「構造改革法案ニ反対スル者ハ現状維持ノ走狗ナリ」というのと似ているし、首相の靖国神社参拝を批判すると家を焼かれるという事件が起きたりするのにも似ている。そんな雰囲気のなかで、国家総動員法は可決され、岸たちはこの委任立法によって動員のフリーハンドをえたのだ。

さきに見たように、「全機構的把握」をなす主体としての革新官僚は、私的所有を制限し統制しようとするわけだが、所有権という私的権利は資本制社会の根幹をなす権利だから、これを制限し統制する主体は、同じように私的権利に立脚した権力であることはできない。そのような性格の権力を超えたもの、すなわち社会制度の根幹すらも下に見る超越的な権力と一体化する必要がある。だから、その超越的な権力の淵源が天皇に求められることになり、天皇を戴く権威主義的テクノクラートとして立つことによってのみ彼らの統制権力は正統化されたのだ。

そして、それは、天皇につながる者としてのみずからをも、藤田省三のいう「非人格的な強力支配人格」に仕立てていくことに通じていった。だから、すべての人間が物的資源と並ぶ人的資源としてとらえられてしまうことになるのである。ここに国家総動員の思想の根底があった。

この点について、革新官僚だった迫水久常は、戦後になってから、次のように語っている。

「統制というのは、人間が神様のマネをすることだ。ぼく一人がこういう会社はつくってよろしい、こういう会社はいけない、ということが判断できるんだからね。まったく神様のマネをしていると思ったよ。神様のマネはしょせん不可能なること言を俟たず、統制なんてことは人間のよくするところにあらず、つくづくそう思ったね[26]」

迫水は、おそらく戦時中からそのような疑念をもっていたにちがいない。なぜなら、このような「非人格的な強力支配人格」の鋳型にみずからをはめていくのは、非常に苦しいことで、普通の人間が永く耐えられることではないからだ。ところが、岸信介のような、生来のパワーエリートで権力《パワー》と野心《アンビション》に生の全体を賭けた希有な人間は、これに耐えつづけていくのである。もともと、上杉慎吉が天皇にキリスト教の唯一神の代替機能を見出したように、岸もまた、「現人神」への擬似的な信仰によって、みずからの世俗的な「権力《パワー》と野心《アンビション》」をかろうじて支えることができていたのかもしれない。

憲法学者の長尾龍一は、こうのべている。

「統制経済に対する信仰は、統制官僚の超人的能力に対する信仰であり、被造物神化の一種といえよう。『現人神』のカリスマを信ずる『観念右翼』と統制官僚の神秘な能力を信仰する左右の統制経済論者と、この両者が『皇軍』の軍事的奇跡を信仰する軍国主義者たちに、小ぜりあいをくり返しつつ引きずられていったのが、昭和一〇年代の歴史といえよう[27]」

絶対国防圏とサイパン陥落

一九四二年（昭和一七年）一一月、商工省は軍需省に改編され、東条が軍需大臣を兼任して、岸は国務大臣で軍需省次官という地位についた。実質上の軍需大臣である。

これは、当面の最優先課題である軍需生産をめぐって企画院や商工省など諸省庁のセクショナリズムの弊害があらわれるのを避けるために、権限の一元化を図ったもので、岸もそれには賛成であった。だが、東条が首相、外務大臣、陸軍大臣、軍需大臣を兼務するという権力集中は異常なものであった。それは、すでに東条が、満州時代以来深く結びついてきた岸さえも信頼できなくなっていたあらわれであったのかもしれない。

戦局は、その年六月のミッドウェー海戦の敗北によって転換し、主力空母四隻を撃沈され、艦載機全機、熟練パイロット多数を失った日本軍は、海空戦力比で大きな劣勢に立つことになり、翌一九四三年（昭和一八年）一月のガダルカナル島撤退以降、戦局の主導権を急速にアメリカ軍に奪われ、敗北局面をたどっていく。南の島々で激戦が続いた。

そうしたなかで、九月、政府は「国内態勢強化方策」を決定、軍需生産においては航空機生産を優先し、国民動員を徹底的に強める方針が出された。そして、同月、御前会議において「今後執るべき戦争指導大綱」と「右に基く当面の緊急措置に関する件」が決定された。

この「戦争指導大綱」のなかで打ち出されたのが「絶対国防圏」という考え方であった。つまり、千島・小笠原・内南洋・西部ニューギニア・スンダ・ビルマ（現在のミャンマー）を結ぶ線の内側を「絶対国防圏」と規定し、この圏内においては日本軍占領地域を死守するという方針が出されたのである。そして、もし絶対国防圏内部の地域が敵の侵攻を受けた場合には、持久戦を取らず、最終決戦を挑んでいくものとした。

この絶対国防圏死守の方針に沿って、アメリカ軍の侵攻を受けようとしている南方戦線へ中国大陸から兵力の移動を図ろうとしたが、中国国民党軍と共産党軍の抵抗、遊撃戦が頑強に展開されているために大きな兵力をまわすことができず、広がりすぎた戦線のデメリットがいよいよ深刻になってきた。

そして、一九四四年（昭和一九年）二月には、南太平洋における日本海軍連合艦隊最大の根拠地だったトラック諸島が陥落し、絶対国防圏が大きく侵食される結果になった。このあと戦局は加速度的に悪化の一途をたどり、六月には、ついにマリアナ諸島のサイパン島にアメリカ軍が上陸した。日本軍は、これに対してマリアナ沖海戦を挑んだが、惨敗し、七月にはサイパン島の守備隊三万が、一万の住民とともに玉砕した。

ここで、東条首相と岸軍需次官との間で対立が生まれる。

サイパン陥落によって、アメリカの大型爆撃機Ｂ29が日本本土を爆撃の射程に入れることができるようになった。これによって日本本土の軍需産業施設は壊滅させられるだろう。そうしたら戦争継続は不可能である。このように判断した岸は、戦争の早期終結を主張した。

ところが、東条は、決死隊精神でやればかならず展望は開けるという持論を捨てず、徹底抗戦を主張した。

岸は、のちにこう語っている。

「サイパンを敵に占領されたらね、Ｂ29が昼夜を分かたず日本を襲撃するような態勢になるわけだ。そうなると、日本の軍事力というか戦力というものは急激に低下してしまう。大事な工場なんか全部やられてしまう。そこで私は東条さんに（戦争をやめるよう）いうたんだ。だけど、東条さんの力では、当時の軍部を抑えることができなかった。むしろ東条さんは、それなら早く大事なものは地下にいれろというんだ。だけれど、地下に入れるというても、どう考えたって半年や一年はかかってしまうんです。その間にみんなやられてしまうんだからね。僕は軍需次官として、軍需生産に責任を持つナニとして、B29の日本攻撃というものが一番怖かった。これに対しては日本の防衛力は全く駄目なんだから」[28]

絶対国防圏の概念から考えれば、岸のいっているほうが、「戦争指導大綱」の趣旨に則っている。また、日米開戦時に岸がもっていた見通しからするなら、こうなったら敗戦を覚悟するしかないし、そうであるなら、早く手を挙げてしまったほうがいい。これが岸の考えだったろう。

しかしながら、作戦判断は軍人のやることであって、おまえたちが口を出すことではない、というのが東条の言い分で、岸たちの意見に耳を貸すことすら拒否した。

ここには、日本の戦争指導における大きな問題点、軍の統帥と政府の国務との関係がきちんと規定されていないという問題がまたもやあらわれていたといえる。これは、サミュエル・ハンチントンが帝国憲法体制には文民《シヴィル》と軍事《ミリタリー》の「二重政府」が存在していた、とする問題である。[29] 昭和一〇年代、この文民《シヴィル》と軍事《ミリタリー》の関係においては、統帥権の独立という錦の御旗を押し立てて、一貫して軍事《ミリタリー》が文民《シヴィル》を圧伏してきた。政治戦略が軍事戦略に事実上従属するという逆転した関係が続いてきたのだ。これを称して「軍国主義」というのである。それが最後の最後まで続いたのである。

東条は岸の辞任を求めた。しかし、岸はそれを突っぱねた。大日本帝国憲法下では、大臣は一人ひとりが天皇から直任されたものだから、天皇にのみ責任をもっており、したがって首相に大臣の罷免権はない。岸が辞任を拒んだ以上、東条は「閣内不一致」による内閣総辞職をおこなうしかなかった。一九四四年（昭和一九年）七月、三年間続いた東条英機内閣は倒れた。

当時、重臣・皇族を中心に東条内閣打倒工作があった。岸の東条批判と辞任拒否は、結果的にこの打倒工作に手を貸し、東条内閣にとどめを刺した結果となった。

ただ、この点については、岸信介の深慮遠謀による「先物買い」だとする評がある。満州で岸といっしょだった武藤富男は、のちに岩見隆夫の取材に答えて次のように語っている。

「昭和十九年（一九四四年）七月、東条内閣が崩壊した直後、星野さんを訪ねたとき、星野さんは、私に『岸は先物を買った』というのです。『どういう意味ですか』と尋ねると、星野さんは『東条内閣を岸がつぶしたことだ』とだけいって、どうしてそのことが先物を買ったことになるのか、については何もいわないのです。戦後、再び星野さんに会ったとき、もう一度『先物を買ったというのは、岸さんが敗戦を予期していたということなのですか、それとも戦犯を免れるためということまで考えて岸さんが東条内閣をつぶしたとあなたは見通したのですか』と問い質してみたのですが、相変わらず、星野さんは黙したまま答えてくれませんでした」(30)

満州で岸と深くつきあった星野直樹の言葉だけに、根拠なくいっているとも思えず、また実際に岸が最後に反東条で動いたという経歴は、戦後、それなりの大きな意味をもって岸を助けることになったのである。

岸信介の敗戦

東条の後をになった小磯国昭内閣は、一九四四年（昭和一九年）八月に「一億国民総武装」を決定、翌一九四五年（昭和二〇年）一月には、最高戦争指導会議で本土決戦方針を含む戦争指導大綱を決定、最後の抗戦に努めた。

そんななかで、岸信介は、一九四五年（昭和二〇年）四月に郷里の山口に帰り、防長尊攘同志会を組織したりしたが、これはほとんどアリバイ的な活動だった。そして、持病の坐骨神経痛のうえに猩紅熱にかかり、病床で八月一五日の敗戦を迎えたのだった。

岸信介が、極東国際軍事裁判におけるA級戦争犯罪人容疑者として逮捕されたのは、九月一五日のことであった。

田布施から護送される岸を見送る一族郎党に向かって、「踊る神様」北村サヨは、「お前ら何をしおたれているか、岸は三年ぐらいしたら必ず帰ってくる(31)」と予言したという。

そして、岸は、一高時代の恩師・杉敏助から授かった、

二つなき命に代へて惜しきものは
　千載に朽ちぬ名にこそありけれ

という「惜名」と題された歌に対して、

名に代へて聖戦の正しさを

萬代までも伝へ残さん

と返歌したという[32]。

つまり、命を失っても名を残すのではなく、名声を失っても生きのびて、この戦争が正しい戦争だったということを主張し残しておきたい、というのである。

（1）前掲・岸信介・矢次一夫・伊藤隆『岸信介の回想』p.38
（2）同前 pp.38-39
（3）奥村喜和男『日本政治の革新』（一九三八年）、神島二郎編『現代日本思想大系10　権力の思想』（筑摩書房、一九六五年）pp.265-266
（4）ハンス・レーベル［風見謙次郎訳］『シュパンの全体主義哲学』（理想社、一九四一年）pp.44-54 参照。もっともシュパンらの学説は、その一方でカトリック的要素、協同連合社会的要素をもつもので、そのために、この学説はのちに否定されて、シュパンは強制収容所に送られた。
（5）前掲・原彬久編『岸信介証言録』p.353
（6）前掲・岸信介・矢次一夫・伊藤隆『岸信介の回想』p.39
（7）橋川文三「革新官僚」、前掲・『現代日本思想大系10　権力の思想』p.252

（8）第一次世界大戦の後、大きな価値観の動揺にさらされた青年を中心とする芸術家が、旧来の安定した思想に代わる新しい思想を求めてさまざまな試みをおこなった。こうした傾向に、フランス語で「戦後」を意味する「アプレ・ゲール」après-guerre という総称があたえられた。日本では、第二次大戦後にあらわれた似たような傾向をこう呼んだが、本来は第一次大戦後ヨーロッパの現象なのである。なお、若き日の美濃部洋次の足跡については、『洋々乎　美濃部洋次追悼録』（日本評論新社、一九五四年）参照。

（9）前掲・藤田省三「天皇制のファシズム化とその論理構造」、『近代日本思想史講座Ⅰ　歴史的概観』pp.308-309　傍点は原文のまま。

（10）前掲・岸信介・矢次一夫・伊藤隆『岸信介の回想』p.52

（11）『実業之日本』一九四一年五月号の座談会「革新官僚新体制を語る」における毛利英於兎の発言、『現代日本思想大系10　権力の思想』p.270

（12）小林英夫『昭和ファシストの群像』（校倉書房、一九八四年）pp.24-29

（13）前掲・橋川文三「革新官僚」pp.266-267

（14）前掲・岸信介・矢次一夫・伊藤隆『岸信介の回想』p.50

（15）前掲・原彬久編『岸信介証言録』p.38

（16）同前 p.40

（17）同前 p.41

（18）『朝日新聞』一九四一年（昭和一六年）一二月二〇日付。前掲・岩川隆『巨魁　岸信介研究』

p.62
(19) 前掲・岸信介・矢次一夫・伊藤隆『岸信介の回想』p.55
(20) 「華人労務者内地移入に関する件」(昭和一七年一一月二七日閣議決定) カタカナ書きをひらがな書きに直した。
(21) 高碕達之助『満州の終焉』(実業之日本社、一九五三年) p.77
(22) 同前 pp.79-80
(23) 同前 p.109
(24) 「岸商工大臣閣下訓示――八月三日誠之館に於て賜はりたる訓示の概要」、『潮』一九七二年五月号 p.206 [オリジナルは『足尾銅山』第二巻第八号(一九四三年)に掲載]
(25) 前掲・田中惣五郎『日本ファシズム史』p.165
(26) 中村隆英ほか編『現代史を創る人々』第3巻(毎日新聞社、一九七一年) p.70
(27) 長尾龍一「帝国憲法と国家総動員法」、『思想としての日本憲法史』(信山社出版、一九九七年) pp.150-151
(28) 前掲・原彬久編『岸信介証言録』pp.41-42
(29) サミュエル・ハンチントン[市川良一訳]『軍人と国家』上下(原書房、一九七八年)参照。
(30) 前掲・岩見隆夫『岸信介―昭和の革命家―』pp.121-122
(31) 前掲・岸信介・矢次一夫・伊藤隆『岸信介の回想』p.76
(32) 岸信介「断想録」、同前 p.303

第五章　不死鳥の秘密

――A級戦犯が総理になるまで――

巣鴨の岸信介

岸信介は、A級戦犯容疑者として逮捕されてから、一九四八年（昭和二三年）一二月二四日に釈放されるまで、初めに収監された横浜拘置所、大森俘虜収容所の数か月を除いてほぼ三年間、巣鴨プリズンに拘禁の日々を送った。

岸は日米開戦の詔書に副署した大臣であり、商工大臣、実質的な軍需大臣である軍需次官として、戦争遂行の最高責任者の一人であった。にもかかわらず、結局、不起訴になって釈放されたのである。たとえば、第一次近衛内閣外務大臣であったにすぎない文官の広田弘毅がA級戦犯として絞首刑に処せられたのにくらべると、なぜ岸が起訴を免れたのか、という疑問が生じてくる。なぜ広田弘毅は絞首刑で、岸信介は無罪なのだろうか。それは、そのあとに岸が不死鳥のような復活したのはなぜかという問題にも関わる重大な疑問なのである。

巣鴨プリズンに収監されている間、岸が何を考えどう行動したかは、岸が獄中でしたためた「獄中日記」「断想録」[1]、また極東国際軍事裁判（東京裁判）を担当した国際検事局（ＩＰＳ）の尋問調書、あるいは最近公開されたアメリカのＣＩＡなどの秘密文書[2]から、ある程度明らかにすることができる。

それらの資料によると、巣鴨の岸信介は、東京裁判の正当性を批判し、かつみずからが指導した戦争が正当な自衛戦争であったことを主張している。彼は、自分がおこなったことについて反省を示さず、むしろ執拗な自己合理化をおこなっている。その点で、確かに岸の態度は首尾一貫している。

獄中では、たとえば、かつての内大臣・牧野伸顕のように、他を押しのけて残飯を漁ったりしてひんしゅくをかうようなあさましい姿をさらすものも少なくなかったが、岸はそういうことはなく、ずっと意気軒昂だったようである。こういうところにも、生来のエリートがもつ強さの一面があらわれているように思われる。

岸信介の東京裁判批判

岸信介は、獄中で東京裁判を不当なものだと主張しつづけていた。「獄中日記」を精査した原彬久によると、岸は東京裁判の不当性について主に次のような点を強調していたという。

「第一は、『五月十六日』の項にある通り、検事団の発言は『多ク法律論ノ域ヲ逸脱』しているということであり、第二は、起訴状が挙げている第一の犯罪としての『共同謀議』に被告が参画したという検事団の主張は『滑稽極まる』ものと断じていることである（昭二二・一・二八）。そして第三は、みずから主導した日本の生産力拡充計画と産業統制政策の動機をことごとく『侵略戦争の準備』にありとする検事側の立論は、これを『根本的誤謬』として斥けていることである（昭二一・一二・六）」[3]

第一点の「法律論の域を逸脱している」というのは、自分が問われている「平和に対する罪」が、戦争が起こった時点では国際法においても認められていたものではなく、したがって事後法によって裁くものとして不当であるということだ。これは、法理論上は岸の批判がおおむね当たっている。

第二次世界大戦後の国際軍事裁判は、通常の戦争犯罪──「俘虜の虐待」などすでに存在していた戦争関連法規または慣例に対する違反──とは別に「平和に対する罪」「人道に対する罪」という新たな罪を戦争犯罪として加えた。これによって、侵略戦争の計画・実行・謀議が「平和に対する罪」として、またナチス・ドイツのホロコーストのような大量殺人などが「人道に対する罪」として裁かれることになった。これらの新しい戦争犯罪の類型が妥当かどうかは別にしても、それがさかのぼって適用されることに関しては、連合国側は、そのような行為の犯罪性が未発効のものを含めた多くの国際法規によってすでに慣習法として成立していたとしているが、このような立場は根本的なところで罪刑法定主義に反するものとして問題がある。戦勝国が一方的に新しい戦争犯罪の範疇を定立する権利はない。そのようなことをすれば、それは報復を合理化するものになるといわなければならない。

これについては、ちょうど憲法が停止された例外状況において立てられた憲法制定権力のように、連合国という存在は、世界大戦といういわば世界的例外状態において、国際連合を中心とするまったく新しい国際法秩序を創出するために、これまでの法規にとらわれない超国際法的な権力をになっている、という考え方もできた。それはそれでちゃんと成り立つ考え方なのだが、実際には、そのようなまったく新しい国際法秩序はつくりだされず、結局のところ、旧態依然たる各国家間の利害対立の調整という従来の秩序にもどっていったのであった以上、残念ながら、この論理も通用しないだろう。

といっても、日本の侵略が正当であったという意味ではない。第二次世界大戦は、先発帝国主義と後発帝国主義との間の植民地再分割戦争であり、その過程で総力戦という形態が皆殺し戦争につながったのである。皆殺し戦争については原爆投下、無差別爆撃など連合国側にも問われるべきものがある。そこには勝者と敗者はあっても、正義の側と不正義の側などなかったというべきである。

第二、第三の点については、侵略戦争の準備、謀議に関する事実認定の問題である。これについては、東京裁判の正当性がどうであれ、日本の国民にとって、また国民として戦争責任の問題をどう考えるかということに関わる重大な問題ではないだろうか。これについては、そうした観点から、日本人自身の問題としてあらためて考えてみるべきなのである。

アメリカの対日占領政策と岸のポジション

この侵略戦争の準備、謀議に関する事実認定には、実はアメリカの対日占領政策が介在している。

郵便はがき

料金受取人払

神田局承認

321

差出有効期間
平成19年6月
1日まで

101-8791
007

千代田区西神田2-7-6
川合ビル3F

同時代社

営業部行き

お名前
ご住所(送り先)　〒 電話

愛読者カード

このたびは弊社発行の出版物をお買い上げいただき、ありがとうございます。今後の企画の参考とさせていただきますのでお手数ですが、ご記入のうえお送りください。

書　名

本書についてのご感想をお聞かせください。また、今後の出版物についてのご意見などもお寄せください。

注文書　下記書籍注文いたします。

書　名	冊　数

弊社発行の出版物をご希望の場合、最寄りの書店にご注文いただくか、お急ぎの場合はこのハガキを投函ください。代金のお支払いは書籍同封の郵便振替用紙をご利用ください。(送料１冊310円、２冊以上無料)

同時代社ホームページアドレス　http://www.doujidaisya.co.jp/

戦後の対日処理政策をめぐっては、連合国側に二つの方針の対立があった。それは、応報刑論的処理と目的刑論的処理との対立として見ると、わかりやすい。

応報刑論的処理とは、犯した犯罪に対してそれに応じた刑罰をあたえて、その刑罰によって罪は償われる、という考え方で、この場合、日本の戦争指導者は戦争犯罪をおこなったのだから、それにふさわしい刑罰をあたえればいい、ということになる。一方、目的刑論的処理とは、犯罪をおこなうにはその原因があったはずだから、その原因が取り除かれるような措置を取ることが必要である、という考え方で、この場合、日本が二度と侵略戦争をおこなわないようにしなければならない、ということになる。対日処理政策をめぐって、そういう対立があった。

アメリカは日本を事実上単独で占領していた。そして占領機構であるGHQのなかには、いろいろな対立があったが、この応報刑論的処理か目的刑論的処理かという点では、目的刑論的処理でほぼ一致していた。そして、こうした考え方に基づく対日処理政策の中心になったのが、かつて一九三一年（昭和一六年）から一〇年間駐日大使を務め、大戦中には国務長官特別補佐官、国務省極東局長、国務次官として対日問題を担当していたジョゼフ・グルーであった。

グルーの対日政策は、日本国民は加害者ではなく、被害者である、加害者は共同謀議にもとづいて侵略戦争を準備し実行した軍部を中心とする一部の軍国主義者であった、という構図を描いて、それにもとづいて裁断していくものであった。そして、天皇については、その首謀者である軍国主義者から除いて免罪した。軍国主義者たちは、みずからの侵略の意図を天皇の名を借りて正当化し、日本国民は天皇に対する崇敬のゆえに、これに欺されて従った、というストーリーが出来上がったわけである。

東京裁判において問題になった侵略戦争の準備、謀議に関する事実認定は、このストーリーに沿っておこなわれていったものなのである。だから、そこでは、「一部の軍国主義者」をどの範囲までのものにするか、つまり戦犯をどこまでに限定するのかが、法律的な問題や道義的な問題ではなく、政治的な問題として取り扱われることが可能になったのであり、実際そのように取り扱われたのである。

戦争中に同じような行為をしていても、だれが戦犯になり、だれがならないか、それはきわめて高度な政治的な問題になっていったのである。そのことをいち早く見抜いていたのがA級戦犯容疑で収監されていた岸信介であった。そして、この政治的問題に敏感に政治的に対応して、みずからにかけられていた容疑から見事に逃れた岸は、そこにおいてこそ、「まさしく昭和の妖怪」としての本領の一端を発揮したといえるのではなかろうか。ここのところを具体的に見ていこう。

「一部の軍国主義者」を広くとらえるなら、昭和一〇年代、満州事変以後の日本の多くの指導者がのきなみ戦犯になってしまう。

東京裁判の検事団は、侵略戦争の共同謀議と準備を四段階で構成した。第一段階が、満州の支配の獲得で、張作霖爆殺事件から、奉天事件、満州国成立までである。第二段階が、中国全土への支配の拡大で、蘆溝橋事件以後の日中戦争を問題にしている。第三段階が、日本国内における侵略戦争態勢の構築と日独伊三国同盟の締結である。そして、最終段階としての第四段階が、アジア・太平洋全域への戦争拡大と英米との開戦すなわち世界大戦への参戦である。これらの四段階を通じて、共同謀議があり、それが徐々に拡張されて、全面的共同謀議が進行していったというのである。これでそのまま単純に押していくと、かなりの指導者がひっかかる。

岸信介の場合は、この第四段階の共同謀議とみなされた日米開戦への準備過程が問題になる。もし一貫した全面的共同謀議の流れがあったとして、そのなかでこの日米開戦への準備過程を大きくとらえるなら、岸はそれをになったと考えられる。したがって戦犯である。

ところが、ここで、共同謀議の範囲は伸縮自在であったことを考えに入れなければならない。もともと一貫した全面的共同謀議の流れがあったとするのが無理なのであり、これがフィクシャスなものである以上、細部のストーリーの描き方は自在であり、それによって範囲はいくらでも変わってくる。

さきほどの「軍国主義者はみずからの侵略の意図を天皇の名を借りて正当化し、日本国民は天皇に対する崇敬のゆえに、これに欺されて従った」というのが粗筋だとするなら、各シーンの細かいストーリーは、その粗筋の枠から逸脱しないかぎり、さまざまなヴァリエーションが可能である。たとえば、あとで見るように大本営政府連絡会議への出席が基準として持ち込まれたりした。それを共同謀議の場として、ここに出席していなければ謀議に参加していなかったということにする、というような具合である。

それでは、そのような細部のストーリーの描き分けによって、戦犯にしたりしなかったりする、その基準はどこにおかれたのだろうか。一つは、さきほどいった「日本が二度と侵略戦争をおこなわないようにする」ためという基準があった。だが、それだけではなかった。というより、むしろ、途中からそれは後景に退いて、別の線から出てくる基準のほうが重要になってきた。それはなんだったか。

岸信介の利用価値

一九四八年（昭和二三年）一月六日、アメリカのケネス・ロイヤル陸軍長官が「日本を共産主義に対する防壁にする」と演説した。当時の陸軍長官といえば、現在の国務長官の格にあたる。この有名なロイヤル演説は、アメリカの対日占領政策が大きく変化することを示すシグナルだった。

ロイヤルは、「対日占領政策の方向は、強力な日本政府を育成することにある。日本自身が自立できるだけでなく、今後極東に起こるかも知れない新しい全体主義の脅威に対して、防壁の役目を果すに十分な強力な安定した民主主義を築きあげるにある」と語ったのである。ここでいわれている「新しい全体主義」とは共産主義のことであり、具体的にはソ連、そして中国に成立しつつあった共産党政権に対して、日本が防壁になるべきことをうたったものであった。

しかも、その演説のなかで、戦争に協力した人間であっても、有能な人間はこれからつくられるべき「強力な日本政府」のために活用していく、とのべられていたことは非常に重要であった。これは、具体的には戦犯の枠を狭めて、「有能な人間」は釈放して活用するという意味にほかならなかったのである。実際に獄中の岸たちは、これをそういうサインとして受け取ったのだった。

岸は、その当時のことを、「冷戦の推移は巣鴨でのわれわれの唯一の頼みだった。これ［米ソ関係］

が悪くなってくれれば、首を絞められずに済むだろうと思った」[4]と回想している。実際、早くから米ソ対立の動向に注目している。「獄中日記」の一九四六年（昭和二一年）八月一〇日にパリ講和会議におけるソ連のモロトフ外相とアメリカのバーンズ国務長官の対立を分析して、「ソ連は平和会議を遷延して其の間バルカン及地中海方面に既定事実を築き上げげん事を企図し一日も速《すみやか》に平和的国際関係の樹立を欲する米英と明白なる対立を示しつつあり」[5]などと書いている。また、収監されている戦犯容疑者の間で「米ソ対立がいったいわれわれの起訴にどう関係するかということをいろいろと話し合った」[6]ともいっている。実際、「獄中日記」にも、「（米ソ対立を）再興日本ノ好機ト観ズル希望的観測ニ於テ意見一致」と書かれている。[7]

ロイヤル演説のなかでは、それまで占領政策の一つの基本としていた財閥解体の方針を緩和し、むしろ独占資本を活用していくこともうたっていたが、実際にその方向へむかって政策の転換が着々と具体化していった。日本の諸外国に対する賠償は軽減され、過度経済力集中排除法にもとづく企業分割は緩和されたのである。戦犯の扱いも、これとおなじように変わっていった。戦犯訴追の目的だった「日本が二度と侵略戦争をおこなわないようにする」ためという基準に「日本を共産主義に対する防壁にする」ためという新しい観点が加わり、むしろその点から戦犯容疑者の値踏みがされるようになっていったのである。その具体的なあらわれが、やがて岸信介不起訴として実現するのである。

もともと、アメリカは岸をマークしていた。

巣鴨での岸に対する取り調べは、一九四六年（昭和二一年）三月七日、二〇日、二七日、二八日、五月二三日とおこなわれたが、ここで訊かれたことについて、岸は次のように言っている。

「『お前は〝二キ三スケ〟ということ言葉を知っているか』と言うから、『知っている。例の東条英機、星野直樹、松岡洋右、鮎川義介、それに岸信介ですよ』と答えた。米国側は、満州について日本は侵略政策をとったが、その連中の役割はどうだったか、ということを知りたかったようだね。これが取り調べの第一点だったような気がする。

第二は、私に開戦を決定した大本営政府連絡会議に出席したかと言うのだ。これに対し『私は出席していない』と言うと、東条さんは、岸は商工大臣であり軍需生産の責任者であるから出席したはずだと言っている、と言うのだ。そこで私は、それは東条さんの記憶違いである。もし商工大臣が軍需生産の点から重要だというのであれば、国民の食糧問題を扱う農林大臣も重要で、これも出席しているはずだ。また船舶のことも重要である、となると逓信大臣も出席しているはずである。しかし、私の所管する軍需生産にしてもすべての数字は企画院総裁に提出しているのであって、企画院総裁が統帥部に説明することになっていた。したがって、『私はその会議には出ていない』と言うのだが、東条さんが出席していたと言っていると言って取調官は私の言うことをなかなか信用してくれないんだ」(8)

ここでは、共同謀議のどの範囲に岸が入るものであるかが調べられている。要するに、共同謀議の枠をどう設定すれば、だれが戦犯になり、だれが戦犯にならないか、それをはっきりさせるための個人ごとの情報が取られているのだ。

もう一つ重要なのは、このとき岸を訊問した係官がＩＰＳ（国際検事局）で刑事訴追を担当していた将校ではなかったことだ。裁判のための訊問ではなかったのだ。岸を訊問したのは、ジョージ・サカナリ中尉、G・モリウチ中尉という日系二世で、参謀第二部（略称・G2）傘下の民間情報局（CIS）に所属する対日工作担当の情報将校だった。(9) G2といえば、反共主義者のウィロビー将軍が率いる情報・治安を担当する部局で、GHQ内部で、ニューディーラーのホイットニー将軍を中心とする進歩・民主派のGS（民政局）と熾烈な主導権争いを展開していた保守・反共派の牙城であった。

そして、これらの情報将校は、訊問のあと、岸のパーソナリティや能力を評価して、「知能程度＝ベリーグッド　信頼性＝グッド　協力度＝グッド」などと評点をつけ、「岸は極めて有能な官僚」という結論を下して報告書に書いている。そのうえで、「東京裁判の戦犯容疑者起訴の段階で、満州における活動について岸を起訴するに十分な証拠を挙げ、さらに大政翼賛会の活動が起訴妥当と判定されない限り、G2は岸を容疑なしとして巣鴨プリズンから釈放すべき、と勧告する」とする判断を盛り込んだ文書をGHQ法務部とIPSに送っているのである。(10)

これらは、アメリカで最近公開された秘密資料から明らかになった事実だ。ここで、G2が岸釈放を勧告し、その行政手腕、政治能力を高く買ったことは重要である。このあとすぐ、ロイヤル演説を契機に、GSの民主化路線からG2の反共化路線へと対日方針が大きく転換していったときに、岸信介の利用価値が大きくクローズアップされるもとが、すでにここにつくられていたのである。実際に、その段階で、GHQ経済科学局にいたG2系列のキャピー・ハラダは巣鴨の岸とたびたび接触して意見を聴いており、また局長のウィリアム・マーカット少将に岸釈放を進言している。(11)

岸信介戦犯不起訴の理由

こうしたなかで、一九四八年（昭和二三年）一二月、岸信介は不起訴となって釈放された。なぜ無罪になったのか、さまざまな推測、解釈がおこなわれた。

岸自身は、さきほどの訊問についての言に続けて、起訴を免れたのは共同謀議の証拠になる大本営政府連絡会議への出席がなかったことが明らかになったからだ、といっている。

「ところが当時、この連絡会議は宮中でやられていたんだね。大手門から出入りしていたのだ。大臣が参内すると門番は何日何時何分〝なになに大臣が入るとか出るとか〟、日誌に書くのだね。逓信大臣寺島健君の秘書官一原君が門番日誌を持ってきてくれたのだ。それによると、私や農林大臣の井野君の名前はのっていないんだ。東条さんの記憶違いということがそれで明らかになったんだね。米国の検事としては、閣議決定よりもどこで開戦が決定されたかを重視していた。結局、政府・大本営連絡会議で開戦が決定され、そこに出席したものは起訴されたわけだ。東条さんとか書記官長の星野直樹、外務大臣の東郷茂徳、大蔵大臣の賀屋興宣君などだね。私とか井野君［東条内閣の農林大臣・井野碩哉］は起訴を免れたのはそういうわけですよ」(12)

しかし、たとえ形式的にはそうであったとしても、それは、さきほどのべたように、岸が無罪になるように戦犯の枠が設定された、そういう細部のストーリーにしたということにすぎないとも考えられるのである。実質的な理由は別にあるのではないか。

これについては、まえにふれた東条内閣をつぶした「先物買い」のおかげだという説も流れた。巣鴨で岸の隣の房にいたBC級戦犯容疑者だった佐藤政勝は、岸の友人で『宿命の日米戦争』で有名な軍事評論家・池崎忠孝に獄中で聞いた話として、次のようにのべている。

「かれ〔岸信介〕は東条さんと意見があわず東条内閣の総辞職をひきおこし、そのために終戦をはやめる結果を生んだ。そのことを良として連合国側はかれをA級戦犯からはずしたのだ」

池崎忠孝がそう語ったというのだ。[13]

また、朝日新聞の岸番記者だった富森叡児は、司法取引説を唱えている。

「ご存じのようにアメリカの法律では『司法取引』という制度があります。本人が犯罪を犯していても、捜査に協力したら罪を軽くするという制度で、『岸はGHQ（連合国最高司令官総司令部）にさまざまな協力を誓うことによって、釈放されたのではないか』というわけです」[14]

司法取引説については、同じ東京裁判で不起訴になった細菌戦の石井四郎と阿片工作の里見甫についても、同じような説が取りざたされている。[15] 里見の場合は、すでにのべたように岸とも関わりが深いが、里見の秘書役だった伊達弘視によれば、CIAが里見のもっていた阿片売買のノウハウや少数民族宣撫工作のノウハウを欲しがって、取引をしたのではないか、と推測されている。[16] 確かに、ヴェトナム戦争などでCIAは阿片工作、少数民族宣撫工作をおこなっている。ただし、岸の場合も里見の場合も、状況証拠はともかく、確たる証拠はないようである。

さらには、やはり岸番記者で岸とは相当親しかった日経の大日向一郎がとっているのはアメリカによる政治的配慮説がある。

「なぜ不起訴のまま釈放されたかで岸さん自身の口から話を聞いたことは一度もないが、これはもっぱら米国側の事情によるものだろう。米ソの冷戦が進行するにつれて、米国の狙いが、戦犯処分から日本の復興に重点を移すようになり、戦犯容疑者も含めて有能な人材を解放させる必要が生じたわけだ(17)」

この二人の元政治部記者の観測が当たらずといえども遠からずというところなのではないか。アメリカは岸信介の力を必要としていた。岸は釈放されたかった。そこで何らかの取引がおこなわれた。それにもとづいて、戦犯の範囲が微妙に変えられ、大本営政府連絡会議という共同謀議の場にいなかったから、戦犯に当たらない、という判断が下されて、岸は無罪釈放となった。たぶん、そういうことであったろう。

それでは、どんな取引だったのか。それが問題である。それについては、以後のアメリカと岸との関係の展開のなかから推測していくしかない。

岸信介の大東亜戦争論

それについて見ていくまえに、最初にいったように、巣鴨にいるとき、岸が東京裁判を批判するだけではなく、みずからが指導した戦争が正当な自衛戦争であったことを主張していたことを見ておかなければならない。

岸は、獄中で書いた「断想録」に、大東亜戦争について、次のように書いていた。

「大東亜戦を以て日本の侵略戦争と云ふは許すべからざるところなり。之れ事実を故意に歪曲するものなり。事実を知らずして云ふは尚ほ恕すべし。事実を誣ひ更に時流に阿諛せんが為めに謂ふは断じて許すべからず。先進国の二世紀に亘る世界侵略に依る既得権益の確保を目指す世界政策が後進の興隆民族に課したる桎梏、之れを打破せんとする後進興隆民族の擡頭、之れ其の遠因たり。日米交渉に於ける日本の動きの取れぬ窮境、之れ其の近因たり。

宣戦の大詔、大東亜宣言、対支新政策に現はれたる所を見よ。而して之等は単なる言辞の上のみに非らず。誠意を以って実行せんことを期したるものなり。今や吾等の歴史も抹殺せられんとす。然れども建国の理想は民族生存の理想なり。萬民萬邦をして其の所を得しむてふ理想は日本の存する限り、大和民族の此の地上に在る限り炳乎として其の光を発揚せざるべからず。而して吾々は過去において未だ曾て所謂侵略戦争を為したるの歴史を有せず。現在も然かり。又将来も断じてあるべからず(18)」

のちに、もっとざっくばらんに語った座談では、こんなふうにも言っていた。

「大東亜戦争にはいろんな解釈があるけれども、むしろスターリン・ソ連書記長がやらせたんだという考え方もある。松岡洋右外相が、ソ連との間に日ソ中立条約を結んだ。日本としては、南進政策をとらざるを得ない。南進すれば、米・英・蘭は黙っていまい。となればそこで、日米が戦う。ソ連にとって得という計算で、スターリンは日ソ中立条約を結んだのだとみる、という見方もあるね。松岡はだまされたのだよ。

また中国は中国で米国の力をかりて、日本に報復をしようという気持ちもあった。

あれこれいろんな要因が重なって、戦争になったのだが、中国をはじめ、アジアの国々を取ってしまう、いわゆる侵略というような考えはなかった。満州国の建設に協力し努力した連中も、あそこを取ってしまおうなんていう気持ちはなかった。むしろ、東亜のだな、民族協和の理想郷を作る、そういう考え方であって、中国を侵略して日本の植民地にしようなんていう考え方はなかったね。日本が軍隊を派遣したのは、従来中国にもっていた日本の権益を保全し、また中国とともに英米等ヨーロッパの勢力を駆逐して、大アジア主義の下に、アジア人のアジアを作ろうというのが、軍部の考え方でもあったように思う。東条さんもそういう考えをもっていたはずだ。ところが戦争が始まってしまうと、とにかくなんというか、自制心が失われてしまい、各人が自分の与えられた職務を最大限に発揮しようということになってですよ、なかなか統制がつかなくなるね。ビルマから、あのインドに入るなんていうことは全く意味がなかったと思うんだが、現地にいる連中は次から次へと衝動にかられて、前へ前へと進んでしまったんじゃないかね(19)」

ここにあらわれている大東亜共栄圏の思想、アジアと日本との関係に関する思想、戦争がなぜ拡大していったのかをめぐる事実認識の問題などについては、あとであらためて検討することにしたい。

とりあえず、いまここで問題にしておきたいのは、次の点だ。

一つは、岸に戦争指導者としての反省がまったく見られないことだ。これは、この発言だけではない。公表されているかぎりの巣鴨時代の「獄中日記」「断想録」を読んでみても、そのような責任を考えた形跡は見られない。

岸は、「われわれは戦争に負けたことに対して日本国民と天皇陛下に責任はあっても、アメリカに対しては責任はない[20]」などといっているが、「負けたこと」に対する責任ではなくて「起こしたこと」に対する責任はまったく問題にしていない。国政の責任を分担していた人たちのなかでも、戦争を起こすことに反対な人たちも少なくなかったのだ。それに対して、まえに見たように、岸自身は、「東亜の自給体制構築は可能であり、世界無比の完全なる国防国家が建設できる」という見通しで戦争拡大を支持し推進していったのだったが、その責任についてなにも感じていないのはどういうわけか。

また、「天皇」「国民」「アメリカ」に対する責任は出てきても、中国や朝鮮、アジア諸国については全然念頭にないようだ。アジア諸国民、諸民族、民衆に対する責任はどうなのか、という視点がまったくないのだ。岸にとっては「シンガポールを取ったところでやめておけば……」「朝鮮を押さえてしまえば……」という発想は、そのままなのである。これがまさしく「あそこを取ってしまおうなんていう気持ち」「いわゆる侵略というような考え」なのではないか。

もう一つは、戦前の岸の戦争に関する言辞には必ずしも色濃くはあらわれていなかった「反共産主義」という観点が前面に出ていることだ。「大東亜戦争はスターリンがやらせた」などという見方は、このへんから新たに導入されたものだ。

その理由も本末転倒だった。日ソ中立条約は、日独伊三国同盟と独ソ不可侵条約が相次いで締結されたという流れの中から出てきたもので、むしろ、これらの国々が一体になって英米を中心とする先発帝国主義と戦う体制をつくるために、つまり日本でいえば「南進」のために取られた戦略だったのだ。日ソ中立条約の結果南進せざるをえなくなったのではなくて、南進のために日ソ中立条約を結んだのだ。にもかかわらず、こんな逆さまの論理を用いて、急に反ソという要素を入れてきたのはなぜか。

ここいらあたりで、「白人帝国主義打倒」という大東亜共栄圏の理念が、いつのまにか「中ソ共産主義への対抗」のための大東亜共栄圏というところにずらされていく布石が打たれているように思われる。そして、ロイヤル演説以後の「日本を共産主義に対する防壁にする」という戦略にするすると寄り添っているのだ。

ここに、以後の岸とアメリカとの関係の原点があるのではなかろうか。

さて、岸とアメリカの関係はどう展開していくか。

岸人脈・岸金脈の復活

巣鴨から出た岸信介は、しかしまだ公職追放の身である。政治活動はできない。そこで、銀座に箕《き》山社《ざんしゃ》という会社を設立して事務所にした。

ところが、ここにたちどころに、政治家や財界人、右翼などが集まってくる。当時岸の秘書役だった片貝光次によると、椎名悦三郎、山下太郎、永野護、三輪寿壮、安部源基、藤山愛一郎、南条徳男、三好英之、武知勇記、川島正次郎、福家俊一、中安閑一ら公職追放中の大物たちで、「箕山社はいわば戦犯組、追放組の溜り場だった」という[21]。

一九五一年（昭和二六年）八月には、三好英之、永野護、高碕達之助らと新日本政治経済研究所を設立した。これらを中核として、追放解除後に、かつて満州国、商工省、軍需省などを通じてつくりあげた岸の一大人脈が再結集されはじめる。

ここで大きく作用したのが、一九五〇年（昭和二五年）六月に勃発した朝鮮戦争だ。

その意味では、岸信介は強運の男だ。巣鴨から釈放された岸にとって、追放解除までの期間は復活への準備期間だったろう。米ソ冷戦の展開によるロイヤル演説が釈放への要因であったとすれば、準備期間の間に北東アジアに吹いていた風は、釈放された岸にとって背中を押す風だったことだろう。風は岸の手の届かぬところで吹いていた。朝鮮戦争勃発から一九五三年（昭和二八年）七月の停戦までは、岸がその年四月衆議院議員となって政界に出てくるまでとそっくり重なる。

一九四八年（昭和二三年）二月二六日、金日成の朝鮮民主人民共和国成立。他方、済州島で民衆が単独選挙反対で蜂起して虐殺される四・三事件。一九四八年（昭和二三年）八月一三日、李承晩が大韓民国の成立を宣言。金日成はこれに対抗して自らも九月九日、朝鮮民主主義人民共和国成立を宣言。一九四九年（昭和二四年）一〇月一日、国共内戦は人民解放軍の勝利の裡に終わり、中華人民共和国が成立した。

他方、朝鮮戦争特需で日本経済は立ち直り、これは戦後岸政治展開の前提を築いた。岸はこれに乗るだけでよかった。自分は手を汚さずに復権への道は掃き清められていった。だが、経済の甘い汁は朝鮮・中国民衆幾百万の犠牲の上に成り立つものだった。三代目の孫は、この基本的構図の上にいる。

この間の岸に必要だった資金は、東洋パルプ、東京鋼材のほか、主に藤山愛一郎がまかなっていたようだ。まだ追放中で活動も限定されていたから、多額の政治資金調達の必要はなかったろう。だが、裏面では戦前来の岸の資金網はもう動きはじめていたと見てよいだろう。その一つとして、産業設備営団の資産処分の不透明さがのちに問題になった。

敗戦からマッカーサー進駐までの間に、さまざまな資金、物資が隠匿退蔵され、のちにさまざまな形で運用されたことはよく知られている。一九四六年（昭和二一年）二月に隠匿物資等緊急措置例が出され、隠匿物資の摘発が盛んにおこなわれたが、出てきたのは氷山の一角といわれ、膨大な資金と物資が闇から闇に動かされて行方不明になっていった。そのため、翌一九四七年（昭和二二年）に早くも起こった隠匿物資をネタにした自由党代議士・世耕弘一の詐欺事件をはじめ、大はいまにいたるも何かあるとささやかれる「M資金」[22]まで、さまざまな疑惑が取りざたされてきた。産業設備営団資産の隠匿もその一つである。

営団がもつ資産は、製鋼材、弗化マグネシウムなど貴重な物資を含み、数十億円の価値をもっていたと考えられている。そして、のちに隠匿退蔵物資摘発委員会が摘発した物資のなかに、この営団資産に類似するものが多数見出されることから、それらが横流しされ、操作された疑惑が指摘されている。また、ＧＨＱ経済科学局マーカット少将の営団資産閉鎖指令後にも、その精算実務を代行した三菱商事による清算に疑惑が出ている。

そもそも産業設備営団は、まえに見たように、「岸親衛隊」によって完全にコントロールされていた「岸機関」にほかならなかった。岸自身は戦犯容疑者として獄中にあったが、椎名悦三郎をはじめとする親衛隊は獄外にあり、彼らが動いたことは充分に考えられる。というよりも、アメリカ軍進駐までの時間を利用して、占領軍に取り上げられるまえに、なんらかの形で資産を隠しておくのは、いわば当然のことだったのであり、問題は、そのゆくえである。産業設備営団資産の場合、それが不透明なのだ。

はたして、この営団が岸が言った「濾過器」として働いて、岸が戦後再出発する際の政治資金になったのかどうか、結局、明確ではない。しかし、これをめぐっては六点にわたる疑惑が語られており、その疑惑を逐一検証したジャーナリストの高田清は、そのレポートをこう結んでいる。

「岸信介が、その親衛隊官僚群と戦前設立した〝資産怪物〟産業設備営団は、昭和３６年７月２６日になって、〝特殊事務の終了〟を公告し、やっと完全消滅の日を迎えた。しかし、資産の行方も処分金の行方も全てが霧の中であった。——やはり、この営団は……あの〝濾過器〟としてその歴史を全うしたのであろうか」[23]と。

一九五二年（昭和二七年）四月二八日、サンフランシスコ平和条約が発効し、これにともなって、岸信介の追放は解除され、表舞台への復帰が実現した。ここで岸は日本再建連盟という団体を結成し、公然たる政治活動を再開する。

当時、政権党の自由党は吉田茂派と鳩山一郎派の確執が激しくなっており、もう一つの保守党・改進党の内部も割れて、保守政界は再編へと動きつつあった。岸は、そうした動きのなかで独自のポジションを確保して、政治刷新、政界再編の主導権を取ろうとしていたのである。具体的には日本再建連盟を母胎にした岸新党の結成である。

その年の一〇月総選挙、日本再建連盟は一六人の候補者を立てたが、一名当選にとどまる惨敗を喫し、岸新党構想はつぶれた。ただ、ここで、岸は戦前来の岸人脈をほぼ完全に復活させるとともに、それを戦後の政治・経済・社会体制に即応して組み替えて整備し、それを駆使していく態勢を整えたのであった。

また、金脈に関してもそうだったろう。そもそも新党を構想するには莫大な政治資金が必要である。戦前にも、商工大臣の頃に岸新党の企てがあった。そのとき、新党に誘われた武藤富男が「選挙資金は十分出すか、また選挙干渉をするか」と訊くと「出す、そしてやる」という返事だったという話が残っているが[24]、この戦後の岸新党においても、充分な政治資金が用意されていたにちがいない。この選挙のときには、それぞれの党や無所属で出馬する候補者を推薦し支援する形だったから、比較的選挙資金がかからなかったと思われるが、それにしても新党を構えようとしていたのだから、準備していたろう。

吉本重義『岸信介傳』によると、「資金面は八幡〔製鉄〕、富士〔製鉄〕、〔日本〕鋼管等、岸の戦時中恩恵を施した顔の効く方面、主として重工業方面から、三好〔英之〕が小口だがこまめに広範囲に歩いて、かなりまとまったものを集めた[25]」といっているが、それだけではあるまい。ともかく、戦前来あった岸マシーンの政治資金ネットワークが再稼働しはじめたことはまちがいない。

戦後岸政治の原点

岸信介は、この岸新党の挫折のあと、自由党に入党し、衆議院議員に当選。その後一九五四年（昭和二九年）には、自由党内の岸派、鳩山派などの反吉田派と改進党などを糾合して、日本民主党を結成、幹事長に就任する。そして、その後、自由党と民主党の合同に努め、翌年一一月についに保守合同を実現し、新たにできた自由民主党の幹事長に就任した。

このときの一連の保守合同の動きのなかで岸が示した政治姿勢について、のちに池田勇人の首席秘書官になる伊藤昌哉が興味深い指摘をしている。

「あのころ三木武吉は政界再編を言い続けたが、この三木構想を完成したのが岸さんだろうね。まあ、保守合同は三木が微分して岸さんが積分したようなもんでしょう。岸さんは満州でやったのと同じことをしたんだ。

岸さんが満州入りしたころ満鉄と軍の力は強大だった。満州政府が産業開発五カ年計画なんかやろうとすると、どうしてもこれ（満鉄と軍）をどうにかしなきゃならん。そこで満鉄の力を徐々に弱めるため、たとえば満州重工業をつくり、そこに日産をつれてくるわけだね。満州政府が持株会社になってその下に国策会社をつくり、満鉄の力を弱めていく。あの時（保守合同）も、自由党も民主党もそのままでいい。とにかく持株会社つまり新党をつくって両党ともその中で自由におやりなさい。けれども持株会社たる新党の総裁はみんなで選んできめよう、こういうことでしょう[(26)]」

岸の政治のやりかたは、このように満州に原点があり、戦前・戦後一貫している、というのだ。これはなかなか重要な指摘である。

そして、次の年、一九五六年（昭和三一年）一二月の自民党総裁選に出馬、七票差で石橋湛山に敗れたが、翌年二月、石橋首相が病気のため辞任して、ついに岸信介が総理大臣の座についたのである。その間の推移は、実にあれよあれよという間の上昇だったといってよい。

こうした流れのなかで、岸の政治的立場と政策は一貫していた。それは、すでに日本再建連盟の五大政策に示されていた。それは以下のようなものであった。

一、新しい時代感覚を基準として国民に訴えるようなものを打出す。
一、共産主義の侵略を排除し、自主外交を堅持して平和国家の建設を期する。
一、日米経済の提携を深め、アジア諸国との通商を密にして、産業経済の興隆を期す。
一、農山漁村の新興と中小企業の育成、勤労大衆の福利増進をはかり、民生の安定を期する。
一、国民の総意に基き、憲法を改正し、独立国家としての体制を整備する。

ここには、自主憲法、自主防衛、アジアへの経済進出という日本のゆくえに関する岸路線の基本、そして、それらを全体として規定する反共・親米という枠組がすでに打ち出されている。この基本方向と枠組は、岸においては最後まで変わることがなかった。

日本民主党結党の際にも、アメリカ大使館のウィリアム・レオンハート一等書記官との会談において、「占領の弊害」を克服するための改憲にまで至る道を説き、そのプロセスとして、まず保守合同をおこなって保守勢力を一体化すること、次に小選挙区制を実現して国会に多数を占めること、そしてその数の力を背景にして憲法改正を実現するというプログラムを示している。

保守合同によって誕生した自由民主党においても、結党直後、幹事長として岸は、「私が〔日本〕再建連盟当時より同志と共に提唱し来つた自主憲法の制定と防衛体制の確立、自由主義国家群との連繋を強化しつつ東南アジアに対して経済外交を推進すること、及び放漫な自由主義経済政策を是正して計画的自立経済を確立すること、等の主張は、前に日本民主党結成の場合にもその政策の骨子となつたものであると共に、今回の自由民主党の政策の中軸をなしつつあるものであつて……」とのべている。[27]ここでは、計画経済という戦前来の岸の持論が、朝鮮戦争、朝鮮特需以後にあらわれた日本経済の発展状況に応じて、強調されているが、自主憲法、自主防衛、アジアへの経済進出という基本は変わっていない。

そして、いま、岸政治の継承を公言している安倍晋三をかついでいる勢力においても、この路線は同じである。その意味では、この五大政策は戦後岸政治の原点となった。

では、この戦後岸政治の基本は、どのような歴史的な選択のなかから生み出されてきたものだったのか。

当時の日本の保守政党における対抗関係は、吉田茂を中心に動いていた。吉田茂は、まえにふれたように、戦前、日米開戦にあくまで反対し、アメリカ大使館に情報を漏洩するまでして開戦阻止を図った外交官だった。戦後、一九四六年（昭和二一年）五月から、途中一年余りの片山哲政権、芦田均政権をはさんで、一九五四年（昭和二九年）一二月まで五次にわたって長期政権を担当した。政権にある間、吉田は、アメリカの圧力で再軍備にとりかかりながらも、それには基本的に消極的で、憲法九条をたてに軍備を抑え、その分の予算を経済復興にまわそうという軽武装・経済優先の方針、のちになって俗に「安保ただ乗り」といわれた路線を採っていた。ただし、サンフランシスコ講和会議でアメリカとの単独講和を結び、日米安全保障条約に調印したのも、吉田である。

この吉田に対して対抗したのが鳩山一郎で、鳩山は、憲法と日米同盟の両方の点で吉田とは反対方向の路線を採ろうとしたともいえる。現行憲法を利用しようとする吉田に対して改憲を唱え、同時に、アメリカに追従しながら実を取る吉田路線に対して、アメリカからの自立として「中ソとの国交回復」を追求したのである。実際に日ソ国交回復、日本の国連加盟をやりとげた。このように、鳩山は、改憲と自主外交の両面において、アメリカに庇護されながらそれを利用するという吉田流の「半独立」をのりこえ、「独立の完成」をめざしたのである。

ところが、これらは、アメリカ、特に当時の国務長官ダレスの路線からすると、簡単にいって、

「どちらもダメ」なのであった。

一九五三年（昭和二八年）アイゼンハワー大統領の国務長官に就任したジョン・フォスター・ダレスは、それまでの共産主義「封じ込め」政策から「巻き返し」政策に転じた。そして、共産主義諸国と共産主義運動を自由主義の敵としてつぶすという立場に立って、中華人民共和国に対しても敵対的態度を取ったのである。

そうしたダレス路線からするなら、アメリカ追従をするのはいいとして、憲法をたてにとって軍備増強をしようとしない吉田は落第だし、その点、改憲して軍備増強という鳩山はいいが、「中ソとの国交回復」で共産主義諸国に対する自主外交をするというのは許せない、というわけである。

ところが、ここに改憲・軍備増強で親米・反共という吉田と鳩山の「いいところ」を取ったような、もう一つの勢力があらわれた。それが岸信介とそのグループであった。

この岸の路線は、ダレスの路線に全面的に応えるものだった。もちろん、ダレスと岸では、その路線を採った理由は別である。その意味では、岸は、ただアメリカに追従するためにその路線を採ったというわけではない。しかし、岸は、その自主憲法、自主防衛、アジアへの経済進出という彼独自の路線を反共・親米という枠と結びつけて展開したのだ。そのようにして展開することによってこそ現実性をもちうることを見抜いていたのだ。そして、そのことによって、日本とアメリカの関係を構造的に従属的な形の同盟関係に誘い込んだのである。これについては、次章でもう少しつっこんで明らかにすることにしたい。

アメリカの期待と支援

さて、不起訴となって巣鴨から釈放されてから以後の岸信介とアメリカとの関係はどうなっていたのだろうか。

まえにちょっとふれたように、戦後アメリカの日本占領政策をリードしたのは、ジョセフ・グルー国務次官だった。そして、岸はグルーが駐日大使だった時代からコネクションをもっていた。これを使ったことが考えられるが、これについては、不明である。ただ、一九五三年（昭和二八年）衆議院議員当選後に、元陸軍大佐・神保信彦を介して、アメリカ大使館の政務担当書記官、陸軍駐在武官と会っている。その時の会見について、共同通信の春名幹男は、次のように書いている。

「米大使館の政務担当一等書記官と陸軍駐在武官が岸の自宅に出向くと、岸は自分の考えをすらと述べた。神保と、岸のブレーンの一人、林唯義衆院議員（北海道選出）が同席した。

『保守合同の実現を助けるという唯一の目的のために四月の総選挙に出馬した。当選後、その目的の実現に努力を傾けている』

『吉田茂首相に対する私の態度をめぐってかなりの誤解がある。二人の間に悪感情はない。反対に、重光葵や緒方竹虎らと比べて吉田はずっと偉大な政治家だと思う』

『吉田首相の後継者として、緒方と重光は傑出した候補者で、どちらも首相にふさわしい。私はどちらとも親しいが、重光とは巣鴨プリズンで同房で、脚の悪い重光の面倒をみたので最も親しい』

『法的にも公明正大に軍事力を保持するため、憲法を改正すべきだと信じる』

こうした発言が、岸を首相にまで押し上げる重要な出発点になったようだ。岸の考え方はまさに、当時のアメリカの対日政策と合致していたのだ。[28]」

当時展開されていた吉田茂内閣の軽武装・経済重視路線にアメリカは不満をもっていた。ポスト吉田の政治をいずれは岸に託せるかどうか、判断材料をえたかったのだろう。それに対して、岸は憲法改正による軍備増強を強調した。アメリカ側は満足したと考えられる。

そして、この会見から二週間後、アメリカ陸軍情報部は、岸との会見記と経歴ファイルをまとめ、次のような評価を下している。

「岸は現在、閣僚ポストにも自由党の役職にもついていない。岸は疑いなく、政界でも財界でも重要な役割を演じる、との意見が広がっている。通産省官僚の間でも実業界でも、彼の影響はかなり強い[29]」

彼らは、ふたたび、岸に対するマークをグレードアップしたのだ。

また、日本民主党を結党した際にも、さきに見たように、結党の翌日である一九五四年（昭和二九年）一一月二五日にアメリカ大使館の一等書記官レオンハートが幹事長の岸と会談しているが、そのときにも、レオンハートは、会談の総括として、「今後数年にわたって、岸は日本にとって重要で有力な人物になるだろう。会談で示された岸の構想が実現すれば、岸は、決定的に重要な人物になるに

ちがいない」と評価している。(30)

一九九四年（平成六年）一〇月九日付のニューヨーク・タイムズが一面に「ＣＩＡが一九五〇、六〇年代に日本の右派勢力に資金援助」という暴露記事を載せた。そのなかで注目されるのは、一九五五年から五八年までＣＩＡ極東局長だったアルフレッド・アルマーの証言で、自民党から情報提供を受け、見返りに彼らに資金援助したとのべている。

共同通信の春名幹男は、この裏づけを取るために、対日工作に直接関与したＣＩＡ元幹部を取材し、ほんとうにＣＩＡは自民党に資金を渡したのか訊くと、「党に渡した事実はないが、個人には渡した」という答えで、金を渡した個人とは当時幹事長の岸かと問うと、黙って首を縦に振った、という。(31)

現金を運んだほうが秘密が漏れにくいので、岸に直接現金を渡して、あとはまかせるというやりかたをとっていたということで、それは「岸はわれわれのエージェントではなく、同盟者だった」からだという。(32)つまり、カネのために動いているのではなくて、岸の目的とＣＩＡの目的が一致するところがあったので、同盟を組んで援助していた関係だということである。

この関係は、成立した岸政権に対するアメリカの期待が大きかったことにも示されている。岸政権誕生直後、アメリカに外遊した自民党の宇都宮徳馬は、国務省関係者が「岸政権はどれくらい続くだろうか」としきりに訊き、「二年くらいのものでしょう」と答えると、みな失望の色を隠さなかったという。(33)もっともっと続いてほしかったのだ。

だから、一九五八年（昭和三三年）五月、岸政権になって初の衆議院選挙に際して、アメリカは、岸が選挙に勝ち、自民党内でも岸派が圧倒的な優位に立てるようにするために、あらゆる手段を取ろうとしたのである。それをはっきりと示す資料がある。一九五七年（昭和三二年）一〇月一八日に、マッカーサー駐日大使が国務省に送った電文である。そこにはこうある。[34]

「A、日本の次期選挙結果は、アメリカの国益に照らし合わせて非常に重大である。

B、来年早々にも選挙があることを予想すると、この数ヶ月内に岸が成果を上げられるよう、慎重に、できるだけの支援をすることはアメリカの国益に適っている。

岸を選挙前に支援することにより、彼を選挙で助けるばかりでなく数カ月間、派閥抗争（特に河野）を押さえることにもなる。アデナウアーを過去二回の選挙で支援したように、岸を支援するためにアメリカができることを考えるべきである。

C、岸をいかに支援できるかを検討するために、研究を始めるのは緊急案件であると考える（高官レベルも考えられる）。効果があると思われる方法は、選挙結果に影響を与えるべく選挙前に実行すべきであり、選挙後まで行動を遅らせるべきではない」

戦犯容疑が不起訴になって巣鴨を出てから総理大臣になるまでの岸信介は、ＣＩＡからアメリカの同盟者と認められるような関係だったのだ。そして、資金を提供され、選挙に勝利するために「できるだけの支援」を受ける関係だったのだ。

岸がＡ級戦犯容疑をかけられながら、その後八年で総理の座まで登りつめた秘密の一つは、ここにあったのである。

（1）岸信介・矢次一夫・伊藤隆『岸信介の回想』に「資料」として「断想録」全文、「獄中日記」の一九四八年分の一部が収録されている。
（2）春名幹男『秘密のファイル』下巻（新潮文庫、二〇〇三年）にその一端が紹介されている。
（3）前掲・原彬久『岸信介―権勢の政治家―』p.122
（4）前掲・原彬久編『岸信介証言録』p.50
（5）同前 p.51　カタカナ書きをひらがな書きに改めた。
（6）前掲・岸信介・矢次一夫・伊藤隆『岸信介の回想』p.87
（7）前掲・原彬久『岸信介―権勢の政治家―』p.127
（8）細川隆一郎『日本宰相列伝20　岸信介』（時事通信社、一九八六年）pp.98-99
（9）春名幹男『秘密のファイル』下巻（新潮文庫、二〇〇三年）pp.206-207
（10）同前 pp.209-211
（11）前掲・原彬久『岸信介―権勢の政治家―』p.140
（12）前掲・細川隆一郎『日本宰相列伝20　岸信介』p.99
（13）前掲・岩川隆『巨魁　岸信介研究』p.79
（14）保阪正康・冨森叡児ほか『昭和―戦争と天皇と三島由紀夫』（朝日新聞社、二〇〇五年）p.199

（15）石井四郎の戦犯容疑とアメリカとの取引については、青木冨貴子『731』（新潮社、二〇〇五年）参照。ここで青木は、アメリカで発見した石井四郎の自筆ノートに基づきながら、石井が細菌戦研究の成果をアメリカに手渡して生き延びた経緯を解明している。
（16）前掲・佐野眞一『阿片王』p.258
（17）前掲・岩見隆夫『岸信介―昭和の革命家―』p.159
（18）岸信介「断想録」、岸信介・矢次一夫・伊藤隆『岸信介の回想』pp.310-311
（19）前掲・細川隆一郎『日本宰相列伝20　岸信介』pp.90-91
（20）前掲・岸信介・矢次一夫・伊藤隆『岸信介の回想』p.88
（21）前掲・岩見隆夫『岸信介―昭和の革命家―』p.173
（22）M資金とは、GHQ経済科学局マーカット少将の頭文字を取って名づけられた秘密資金といわれるもの。終戦時の混乱期にGHQによって、大量の金融資産（貴金属や宝石類）を含む、旧日本軍の膨大な資産が押収され、戦勝国側の管理下に置かれた。資産は戦後復興・賠償にほぼ費やされたとされている。ところが、ごく限られた日本政府の高官やアメリカ政府の関係者によって運営される秘密組織によって、その一部が管理され、運用されてきている、という噂で、これをネタにした詐欺事件が何度も起こっている。
（23）高田清「岸信介の原点」、『黒幕研究』2（新國民社、一九七七年）p.39　産業設備営団疑惑については、同書pp.30-39参照。
（24）村上兵衛「岸信介言行録」、臼井吉見編『現代教養全集23　戦後の政治』（筑摩書房、一九六〇年）

p.228

(25) 前掲・吉本重義『岸信介傳』p.143

(26)「岸信介研究・権力への野望」『文藝春秋』一九七八年七月号より。小林英夫『満州と自民党』(新潮新書、二〇〇五年) pp.146-147

(27) 岸信介後援会機関誌『風聲』一九五六年一月号、大日向一郎『岸政権・一二四一日』(行政問題研究所出版局、一九八五年) 巻末の資料 p.302

(28) 前掲・春名幹男『秘密のファイル』下巻 pp.216-217

(29) 同前 p.221

(30) 同前 p.220

(31) 同前 p.276

(32) 同前 p.278

(33) 前掲・岩川隆『巨魁　岸信介研究』pp.126-127

(34) 加瀬みき『大統領宛日本国首相の極秘ファイル』(毎日新聞社、一九九九年) pp.98-99

第六章　大東亜共栄圏の再興

——戦後岸政治の展開——

岸の政治プログラム始動

岸信介が総理大臣になるとともに、彼が一貫して追求してきた政治プログラムが本格的に動きはじめた。

すでに見たように、その政治プログラムの目標は、「自主憲法」、「自主防衛」、「アジアへの経済進出」であった。そして、その実現プロセスとしてあげられていた「保守合同」はすでに実現されているから、次は「小選挙区制」であったが、このもくろみは鳩山一郎内閣の時代に国会に出してつぶされているから、当面、無理である。後回しにされた。そこで、改憲の前段階として「安保条約の改定」が政治日程に上げられたのである。

これらの政治プログラムがただちに始動していった。

岸内閣は一九五七年（昭和三二年）二月二五日に成立したが、その年の五月には、ビルマ（現在のミャンマー）、インド、パキスタン、セイロン、タイ、台湾と第一次の東南アジア訪問、一一月には第二次としてヴェトナム、カンボジア、ラオス、インドネシアなどを訪問と、「アジアへの経済進出」にむけてアジア外交が展開されたのである。

そして、六月にはアメリカのアイゼンハワー大統領と会談、日米新時代を謳う日米共同声明を出して、安保条約検討のための委員会設置に合意、「自主防衛」「安保改定」にむかっても動きだしたのであった。

また、八月三日には憲法調査会初会合を開いて、「自主憲法」への布石を忘れていない。

こうしたなかで、当面の中心課題は、「安保改定」におかれた。そして、そのために、国内治安体制をかためることが必要ということで、一九五八年（昭和三三年）一〇月には、警察官職務執行法（略称・警職法）改正案が上程された。

これは、一九五七年（昭和三二年）七月の砂川闘争を頂点とする米軍基地反対闘争、あるいは、同年に起こった在日米軍兵士が薬莢拾いの日本人女性を射殺したジラード事件に対する抗議行動など、反米の大衆運動が沸騰していたことを見て、きたるべき安保改定に際して予想される大衆運動の高揚を封殺する狙いをもったものだった。

これについて、岸は、それより前、一九五八年（昭和三三年）七月一一日にアメリカのマッカーサー駐日大使あてに送った極秘の連絡で、次のようにのべている。

「憂慮される暴力集団の横行に対処するため、警察の権限と権威の強化を図るための法案を九月の国会に提出する。これによって、共産主義者に対する対応を強化できる。十二月の通常国会では、減税法案を出す準備をしている。これは、労働運動、教育界、秘密情報保護のためにとろうと考えている戦略を遂行するうえで、また政権の人気を維持するためにも重要である。引き続き自衛隊の増強も計画している(1)」

極秘連絡だけに、あからさまに意図を語っている。

だが、この狙いは裏目に出て、警職法反対運動が大きな盛り上がりを見せ、その力によって、この改正案は審議未了のまま葬り去られてしまっただけでなく、岸は権力的な手段で大衆の声を抑えようとする独裁者だというマイナス・イメージが広がる結果となった。

そして、その間にも着々と進んだ安保改定の準備に対して、安保条約に反対する勢力は、一九五八年（昭和三三年）三月に日米安保条約改定阻止国民会議を結成、翌四月から統一行動を開始し、やがて日本全国で安保をめぐる対決が高まっていくのである。こうして、以後、一九六〇年（昭和三五年）の安保闘争の高まり、強行採決、自然成立、そして岸の退陣まで、安保をめぐるドラマが展開されていった。

「名誉なき安保ただ乗り」から双務的軍事同盟へ

このとき、日米安保をめぐって、いかなる歴史的選択肢があり、何が問われていたのか、それを現時点においてあらためてはっきりさせておかなければならない。

政治学者の片岡鉄哉は、第二次戦後の軍事同盟のありかたを三つの類型に分けている。(2)

第一の類型は、ゴーリスト・オプションで、完全に平等で双務的な同盟関係である。これは、フランスの大統領ド・ゴールが理想とした同盟関係であり、アメリカに対しては、核武装をしているイギリス、フランスのみが選択しうる軍事同盟の型である。

第二の類型は、アデナウアー・オプションで、ヨーロッパ地域のなかでアメリカ軍を含むNATO軍相互が双務的に相互援助をおこなう同盟関係である。この地域のなかにかぎって、たとえばドイツ軍が攻撃されればアメリカ軍が援助するのと同じように、アメリカ軍が攻撃されればドイツ軍が援助するという関係になる。日本と同じ第二次大戦敗戦国ドイツの首相アデナウアーは、通常兵器で武装したドイツ軍を背景に、この型を選択した。

第三の類型が、吉田オプションで、一九五一年（昭和二六年）に吉田茂首相の手によってサンフランシスコ講和条約と同時に結ばれた（旧）安保条約がこれに当たる。これは、憲法によって非武装をたてまえにしている日本が、独立とともに、アメリカの軍事的な保護のもとに入りながら、アメリカに最大限の協力をするという義務を負った、（日本の義務がアメリカの義務に見合わないという意味で）片務的でありつつ、かつ（日本がアメリカのいいなりにならなければならないという意味で）従属的な同盟関係である。これは、かなり特殊で変則的な形態で、片岡鉄哉は、これを「同盟関係とはいえない同盟関係」だと考えている。

問題は、岸信介が首相になったとき、日本は、この吉田オプションという例外的な「同盟関係とはいえない同盟関係」によってアメリカに守られていた、ということである。これについては、当時の左翼のなかにも「占領体制の偽装形態」という規定があったくらいで、軍事的には実質上占領の継続であるといってもいいような関係だったのである。

講和を結ぶとき、アメリカは日本に対して、アデナウアー・オプションの型の軍事同盟を要求したのである。アジアにおいて日本（軍？）が攻撃されれば、アメリカ軍が援助する。アメリカ軍が攻撃されれば日本（軍？）が援助する、というわけである。

しかし、吉田茂は、憲法をたてにとって、これを拒否した。そこでの吉田の言い分は、そもそも軍備を否定するような憲法をおしつけたのはオマエさんらなんだから、そんなことができるはずがないじゃないか、ということである。そもそも、いま日本軍というのは存在しないんだよ、アンタらのおかげでな。

ここに、「安保ただ乗り」が成立した。これは独立した日本の誇りを捨てた「名誉なきただ乗り」だと批判された。しかし、吉田にとっては、従属的ではあっても屈辱的ではない「名誉あるただ乗り」である。だって、オマエらのせいなんだから。

この点で、実は自由党の吉田茂と共産党の徳田球一は事実上相通じていたのではないか、という気がする。吉田は徳田が個人的に好きだった。実は対アメリカでは反対側から事実上共同しているようなところがあったのではないか。講和にいたる過程でも、一九四九年（昭和二四年）一月選挙では、占領政策に対する抵抗という点で正反対の方向から一致した吉田派と徳田共産党が躍進している。

岸信介が、根本的に排除しようとしたのが、こういう「安保ただ乗り」の発想であった。岸が選びたかったオプションは何か。当然、第一類型のゴーリスト・オプションである。そこに働いていたのは、岸信介に骨がらみになっている「大日本帝国」意識、大国主義・帝国主義意識である。その点では、岸においては戦前・戦後が連続している。だが、悲しいかな、それはすぐには無理であった。

ゴーリスト・オプションに行くには、改憲、核武装が必要である。核武装はともかく、改憲をなんとかして実現しなければならない。そうでなくてはゴーリスト・オプションは夢のまた夢である。そこで現実的な課題として出てくるのは、アデナウアー・オプションである。日本の現状では、これを段階としてふまなければ、もっとも名誉あるゴーリスト・オプションにはいけない。

ところが、改憲は容易なことではない。憲法を変えることなしに、屈辱的な吉田オプションを廃棄して、アデナウアー・オプションに行くことはできないのか。そこで出てきたのが、安保改定なのである。つまり、特に憲法第九条の明文改憲をしないで、安保条約をできるだけ双務的な軍事同盟の方向にもっていって、むしろ逆にそれを梃子にして改憲を促進するという戦略を採ろうというのだ。

改憲以前に形式上双務的に見える軍事同盟を実現すること――それが岸の安保改定の課題であった。そして、そのことによって、改憲を促進する条件をつくりだし、目標である自主憲法制定へと進む、というスケジュールである。

安保をめぐる歴史的選択肢

岸及び岸の擁護者は、安保改定によって日本は対米依存から脱して、自立の方向にいったのだ、そこを評価しなければならない、としきりにいう。まえに見たように、安倍晋三もそういっている。

「祖父は改定によって日本の安全を確保し独立度を高めていかねばという気持ちから改定に臨んだんです。……その結果、新安保条約では……旧安保条約に比べれば辛うじて双務的な方向に一歩進んだといえる改定ではあったと思います」

「祖父は、日本の国民は安保改定を歓迎すると思っていました。旧・安保条約より改定後の安保条約のほうが明らかに日本にとっていいわけですし、対等に近い形になっています」

確かに、旧安保条約は、軍事同盟としては片務的なもので、いわばその代償の形として日本の主権が犠牲にされているところがあった。

第一に、米軍は基地の使用権を独占しつつ、占領時と変わらず引き続き駐留することが認められた。

第二に、第三国の教唆や干渉で引き起こされたと認められる日本国内の内乱や騒擾に対して米軍の出動が認められていた。

第三に、日本がアメリカを軍事的に防衛できない以上、アメリカが日本を防衛する義務は明記されれていなかった。

第四に、条約の期限が明記されていなかった。

このような問題があり、アメリカに従属することで日本の主権を侵害する内容をもっていたことは明らかである。その意味では、占領を解消し独立したとはいえないところがあったのである。

しかし、問題は、だから双務的な軍事同盟に近づくことが主権を回復することであり、独立することである、ということになるか、というと、そうではない、ということである。安倍晋三のいっていることを聞くと、それしかないのに、みんなはそれがわからなかったかのようだが、そんなことはなかったのだ。

そこには、講和の締結と占領の終了という時点において、単なる安全保障ということを超えた、主権回復、独立実現の方向性はどうあるべきかという大きな歴史的選択が横たわっていたのだ。新生日本はどうあるべきかという選択である。岸安保改定の評価についても、その後四〇数年の既成事実の上にあぐらをかいて「何が悪いんだ」と居直るのではなくて、そのとき現出されていた歴史的選択の上に立って歴史的に考えてみなければならないのである。

そこに現出していた歴史的選択とは、端的にいって、全面講和か単独講和かという講和論争に表現されていた。日本は、第二次大戦における交戦国と講和条約を結び、再出発すべきときにあった。そのとき、日本を事実上単独占領していたアメリカは、米ソ対立の冷戦を背景にして、さきに見た一九四八年（昭和二三年）のロイヤル演説にあらわれていたように、日本を反共の防壁にしようという戦略から、米英など西側諸国だけとの単独講和を急がせていた。これに対して、平和問題懇話会に集った丸山真男らの知識人や社会党・共産党・労農党などの革新政党を中心に、一九四九年（昭和二四年）から全面講和論が高まり、一つの国民的な運動になっていったのである。当時東大総長だった政治学者・南原繁も全面講和論を展開して、吉田首相から「曲学阿世」とののしられて学問の自由侵害として問題になったりした。革新政党、労働組合、農民組合などが集まった全面講和愛国運動協議会という運動組織もつくられて、大衆的な運動が展開された。

全面講和論とは、第二次世界大戦におけるすべての交戦国と講和条約を結ぶべきだという考え方であった。そのときの講和の原則として、さまざまな論議が出ていたが、安保問題で共通していたのは、単独講和論のいうアメリカとの軍事同盟のみに国を委ねるのではなく、非同盟中立の方向で平和を維持していくという点であった。当時、社会党は一九五一年（昭和二六年）の党大会で、全面講和・中立堅持・軍事基地提供反対・再軍備反対の平和四原則を決定している。

これは、保守対革新という問題ではなかった。たとえば南原繁は革新派だったわけではないし、保守的な思想の持ち主でも全面講和や非同盟中立を唱えるものは少なくなかった。また、保守政党の陣営も、外交のありかたをめぐっては割れたのである。その大きな分岐が、さきにもふれた鳩山一郎の自主外交路線で、彼らのグループは、ソ連、中国とも平和条約を結んで対米一辺倒ではない外交を展開しようとしたのである。

このように見てくれば明らかなように、日米軍事同盟が片務的か双務的かというような問題において国の独立が問われていたのではなかったのだ。具体的には全面講和か単独講和かで国論が二分され、非同盟中立か、反共軍事同盟か、ということが歴史的選択として問われていたのである。その大きな流れが、岸内閣による安保改定の際に、安保破棄による日米軍事同盟からの脱却か、安保改定による日米軍事同盟の強化かという安保をめぐる歴史的選択として、ふたたび浮上してきたのである。これが六〇年安保のさいの選択肢だったのだ。

確かにその歴史的選択は、そのままの形では現在失われてしまっている。しかし、そこに立ち戻りもしないで、安保改定が自立だったといっているのは、ただ現状追認という怠惰な保守主義を歴史に投影するものでしかない。

そして、岸自身は、この歴史的選択に当たって、日米軍事同盟の強化の途を選択した。それは、岸がアメリカに追随する売国政治家だったからではもちろんないし、岸なりの長期的な展望と構想をもっておこなったことなのである。その展望と構想とはどういうものだったのか。それこそが問題にされなければならない。

自立と従属のパラドックス

戦後日本のゆくえに関する岸信介の構想を見ていくまえに、このときに問題になった日本の自立とアメリカへの従属の問題をもう少しみておこう。というのは、この問題がいまだに解決されないばかりか、ますます深刻さが深まっているからである。

岸や岸の擁護者は、安保改定で日米の双務性が高まったことで、日本はより自立に近づいたといっている。しかし、実はそうではなかったのである。実際には、その後もずっと、彼らのいう自立度が高まることが同時に対米従属度を深めることにつながっていったのが実情なのである。かくして、小泉政権の異様なまでのブッシュ政権べったりの政治が生み出されていったのである。自立が即従属であるとはどういうことか。

一九六〇年（昭和三五年）に新しい安保条約が調印された。それは、旧安保条約とどこが違っていたか。

一つは、条約の名称が「日本国とアメリカ合衆国との間の相互協力及び安全保障条約」となって、「相互協力」の字句が加わったことである。また、第二条に日米の経済協力が謳われ、これにもとづいて日本への経済援助がなされることになったことがあげられる。安全保障条約のなかに経済協力が盛り込まれるというこの特異な「相互協力」のありかた――このような条約は前代未聞だった――が、日本の政治・経済を骨がらみのアメリカ依存にもっていく一つの出発点になったのである。

第二に、旧安保条約で問題だったいくつかの点、内乱や騒擾に対して米軍の出動が認められていた「内乱条項」、アメリカ以外に基地貸与を禁じた条項が削除され、アメリカによる日本の防衛義務も記された。条約期限も一〇年と明記され、一年前の予告によって解消できるものとされた。これらの点においては、旧安保よりは主権の侵害度が減少したことは確かである。これをもって、たとえば安倍晋三は、「独立度を高め」「対等に近い」ものになった、というわけである。

第三に、旧安保条約にもあった「極東の平和と安全の維持に寄与するために」ということが前文、第六条でくりかえし強調され、アメリカは、日本ではなく「極東の平和と安全」のために在日米軍基地の使用を保証された。これと、領域外への米軍の戦闘行動に対する歯止めとして、あるいは米軍の配置や装備の重要な変更について「事前協議」をおこなうことが付属文書で定められ、この事前協議でチェックできるからだいじょうぶ、ということがいわれた。

このような変更によって、双務性は高まっただろうか、従属は解消に向かっただろうか。

吉田オプションというのは、憲法九条の制約の下では、どんなことをしても双務的な軍事同盟を結ぶことはできない、という明白な事実から出発していた。軍隊をもてない国、さまざまな解釈改憲をやって実質的な軍隊をもったとしてもそれを海外派兵させることはできない国、さらにはさまざまな理由をつけて海外派兵ができたとしても相手国を守るために出動させることはできない国、そんな国は、相互に防衛義務を負う軍事同盟を締結することはできないのである。だから、吉田オプションは、片岡鉄哉がいうように、言葉の真の意味では軍事同盟ではなくて、保護条約のようなものだったのである。

そのような制約の下で国の安全を保障するためにできることは、軍事同盟ではなく、非同盟中立である、というのが全面講和論の流れのなかで主張されてきたことであった。憲法の原則に立つなら、こちらのほうが現実的なのである。

それに対し、吉田オプションは、米ソ冷戦のなかで中立ではなくてアメリカとの同盟関係を採ることによって国益を確保しようという選択から、きわめて変則的な軍事同盟まがいのものをひねりだしたのである。

その論理は、「アメリカの日本に対する防衛の約束」（義務ではない）と「日本のアメリカに対する基地自由使用の保証」（これは義務である）とを一つの等価交換にしたてて、これで双務性が確保された、ということにしよう、というものだった。防衛義務に防衛義務で応えることはできない。だから、アメリカに日本を防衛してもらう代わりに、日本は主権の一部をアメリカに譲り渡して使ってもらう、これで関係が双務的、互恵的なものとなったということでおたがいに了解する。そういう仕掛けだった。

そして、これは、新安保条約においても、基本的に変わっていないのである。防衛義務で応えてはいない。それでは何で応えるか。アメリカに日本を防衛してもらう代わりに、日本の基地を自由に使っていいですよ、在日米軍は基本的に何でもできますよ、ということである。これは、旧安保条約と変わらないのだ。アメリカにとっては、基地の自由使用のフリーハンドとアメリカの世界戦略への日本の従属が確保されたことでメリットを確保しているから、これでいいのである。

形式的には、明らかな主権侵害条項を削除し、事前協議制で歯止めをかけ、というようにしたけれども、それは形式に過ぎない。実質は、旧安保の吉田オプションと変わっていない。形式を整えた分は、日米行政協定を受け継いだ日米地位協定、そして密約で補っている。

防衛義務に対する防衛義務という対称的な双務性なら、双方の義務は明確で、契約は文字通りの等価交換が保証される。ところが、安保条約のような非対称的な双務性においては、その履行は、契約の実行というよりは取引の展開ということになってしまい、そうなれば、力の強いほうがつねに優位に立てる。それが、実際にその後の日米関係のありかたであった。形式的に自立度を高めたかに見えて、実質的には従属度が深まっていったのである。

その例として事前協議制が挙げられる。新安保締結後、ヴェトナム戦争、湾岸戦争、イラク戦争などで、在日米軍は、安保条約上の「日本の施政権のある領域」以外にどんどん出動したし、「極東の平和と安全」のため以外に多くの軍事行動をおこなった。しかし、事前協議がおこなわれたことは事実上一度もない。

また、新安保締結と同時に、アメリカの核兵器搭載艦船の一時寄港については事前協議の対象外とするという密約が結ばれていたことがのちに明らかになっている。それだけでなく、一九七三年（昭和四八年）には原子力空母の「母港化」も駐留ではないから事前協議の対象外という密約ができていたことも最近のアメリカ政府の文書解禁で明らかになった。さらには、沖縄への核持ち込みでもそれを認める密約があったことが、その密約成立のとき密使を務めた当事者、若泉敬の証言で暴露されている。(3)

実際には、事前協議制は密約で骨抜きにされ、在日米軍はやりたい放題だったのである。アメリカにしてみれば、これは当然のことなのである。そうであってこそはじめて双務性は実質をもち、等価交換のバランスシートが均衡するのだから。これで「独立度を高め」「対等に近い」ものになったといえるだろうか。いえはしない。

さらには、このような非対称的な双務性を通じて、アメリカの世界戦略に組み込まれていく度合いが高くなり、そこに追随するしかない状況にどんどん追い込まれていく——といっても岸にとっては意に反して追い込まれていくのではなく、選択したのだが——ことによって、国際政治における選択肢を失い、自主外交が阻害されていくのである。そして、先に見た新安保条約第二条に象徴されるように、軍事（安全保障）を基点にして、政治・経済の協力関係が一体化されていくことによって、従属的同盟関係は構造的なものとなり、日本経済が発展して自立度が高まるにつれて、逆にそれがアメリカへの依存度の深まりに結果していくというパラドックスが成り立つようになってしまったのである。

吉田茂は、第二次大戦後の日米の関係は、根本的に不平等なものに根ざしているのだから、条約のような形式をいじっても、実質は変わらない、という態度を取っていた。それは確かにそのとおりだったのだ。そして、吉田は、そうであるなら、実際は従属しながら、どう形式的に対等のように見せるかということが大事なのではなく、従属しなければならないなら、どうやって従属の実を取って日本を復興させるかが大事だと考えていた。そこには、憲法九条もいじる必要はないという考え方も入っていた。岸が会長をやっていた自由党憲法調査会副会長だった佐瀬昌三によれば、「九条について吉田茂さんは『あれでいいんだ。独立国家だからといって、独立の軍隊をもって戦争権を振りまわす必要はない』と言っていた。吉田さんはよく私に『九条は守れ』と言われたんです」と語っている。[4] 憲法九条擁護の向こうには、吉田の立場はどうであれ、従属からの脱却という選択肢も出てくる。

ところが、吉田とは違って、形式的な対等性にこだわった岸の安保改定は、その裏に、日米同盟を永続的なものにするという意図を秘めていたのである。そして、アメリカの期待もそこにあった。

岸が首相就任直後に訪米する直前、一九五七年（昭和三二年）六月五日にダレス国務長官は、フランク・ナッシュ大統領特別顧問に「日本で岸のリーダーシップのために『大金を賭ける』のは『大きな賭け《ビッグ・ベット》』だと思う。君は、この『賭け』は『よい賭け』だと思うか」と訊いた。ナッシュの答えは「『最良の賭け《ベスト・ベット》』であるだけでなく『唯一の賭け《オンリー・ベット》』でもある」だった。

そのあと、ダレスはアイゼンハワー大統領あてに秘密メモを提出して、こう伝えた。

「あらゆる兆候からみて、岸は戦後日本に出現した最も強力な政府指導者だ。……彼は米国と全面的なパートナーシップを築きたいと願っている。……日米関係を永続的なものにするために、現在の関係を再調整する時が来たと強く感じている」[5]

「現在の関係の再調整」とは安保の改定のことである。日米の従属的な関係を永続的なものにするために安保を改定するというのが、アメリカ国務省の問題意識だったのである。

そして、岸路線によって自立度が増すほど依存度が深まるという泥沼に入ってしまった日本では、逆にいまや、官僚たちがアメリカの年次改革要望書に自分たちがおこないたい日本の国内改革を書き込んでもらうことによってそれを実現していくという形で、アメリカへの依存、従属を利用して国内改革をおこなうという倒錯した手法さえ見られるようになったのである。[6]

それでは、岸信介は、なぜこんな途を選んだのだろうか。そこには岸が考え抜いた大きな構想があったのである。安倍晋三たちは、いま、岸がグランドデザインをもっていた、壮大なビジョンをもっていた、と称揚するけれども、そのデザインとビジョンがどういうもので、どんな意味をもっていたのか、明らかにしようとはしていない。それはどういうものだったのだろうか。

岸信介が日中戦争・太平洋戦争を肯定していたことはすでにのべた。それだけでない。岸は、自分にとって戦前と戦後の間に断絶はない、と明言し、日本がアジアのなかで指導国になるということについても、戦前とは違う形ではあるが、という保留をしながらも、否定していない。[7] また、「大アジア主義という考え方そのものでなくても、さらにもう一段進んで、人間としてのあり方に感銘を与えるようなアジアの団結とか理想とかいうものが実現されてしかるべきだ」と大アジア主義構想の発展をめざそうとしている。

これらの発言は、全体として岸が戦後において大東亜共栄圏の再興をめざそうとしていることを示している。もちろん、戦前のそれをそのまま復活しようというのではない。また、大東亜共栄圏の思想そのものにもさまざまなヴァリエーションがある。それでは、戦後版・岸版の大東亜共栄圏とはどんなものだったのだろうか。

それを明らかにするためには、そもそもかつての大東亜共栄圏とは何だったのかを見ておかなければならない。

大東亜共栄圏とは何だったのか

まえに見たように、岸は、大東亜戦争は侵略ではなくて自衛の戦争だった、としてそれを正当化している。だが、そこで彼が「自衛」といっているのは、中国大陸における満州国をはじめとする諸権益、それをもとにして大東亜共栄圏をつくりあげる計画遂行を、それに反対する英米などから自ら衛ることであった。岸が日米開戦について、「[アメリカの事実上の最後通牒になった]ハル・ノートが満州における日本の権益を認めてだ、しかし中国大陸から撤兵するという条件であったなら、話は違っていたと思う[8]」とのべていることは、そのことを示している。要するに、太平洋戦争は、日本の植民地と権益をまもるための戦争だった、といっているにすぎないのだ。それは、日本から見ればそうだったろう。しかし、植民地にされたり、権益として土地や資源を奪われたりしていたほうからすれば、植民地と権益の奪い合いのための戦争に過ぎない。それを社会科学の用語では「植民地再分割戦争」というのである。

この戦争はもともと日中戦争だったのである。これは、日本の自衛の戦争などではない。権益を拡大するための戦争だった。ところが、この戦争が中国の抵抗で行き詰まった。その中国の抵抗を支援していたのはイギリス、アメリカである。もちろん、彼らは中国の民族独立のために支援していたのではない。自国の中国への帝国主義的な進出の意図のもとに支援していたのである。そのときに、日本と三国同盟を結んでいたドイツ、イタリアがヨーロッパでイギリス、フランスなどと戦争を始め、一九四一年（昭和一六年）には、オランダ、フランスなどを破り、占領した。それによって、オランダ、フランスの植民地だった東南アジアの諸地域に空白が生じた。イギリスもドイツとの戦争によってアジアの植民地の防衛が手薄になった。そこで、日本は南方に進出することができたのだ。

これに対して、アメリカが日本の進出を阻止しようとして出てきて、日米開戦になり、日本は中国大陸における中国との戦争と太平洋と南方の戦線における米英との戦争の二重の戦争を戦わなければならなくなったのである。

戦争はこのように推移した。この推移にともなって、この戦争を正当化する論理も変わっていったのである。

日本が中国に進出し、ここを領有する権利があるとした最初は、一九〇六年（明治三九年）に山県有朋が中心になって作成した「帝国国防方針」においてであった。ここでは、中国大陸を日本の「国利国権の伸張」の対象とするのは「帝国の天賦の権利」だと位置づけていた。そして、この方針では、この「国利国権の伸張」は、満州と韓国をまず対象とし、続いて東南アジア、太平洋地域と拡張していき、そこに確保した利権で「国利民福の増進」を達成するとしていた。[9]

ここで特徴的なのは、中国政府には現在統治能力がないし、将来もそれは望めないとして、日中一体論、事実上の中国の日本統治への吸収論をのべていることである。

このような「帝国国防方針」が満州事変に到るまでの日本の大陸進出をリードしていったのである。

こうした膨張政策は、また、ドイツ伝来の「地政学《ゲオポリティーク》」と「生存圏《レーベンスラウム》」理論によって正当化されていった。この理論は、もともとスウェーデンの政治学者ルドルフ・チューレンが提唱した国家を一つの生命体と見なすという理論から発したもので、それによると、国家の領土は生命体の身体であり、それが物理的に移動できないものである以上、生き残るためには周辺国家との戦争という生存競争を勝ち抜いていかなければならない、とした。これが第一次世界大戦後にドイツの軍人・地理学者のカール・ハウスホーファーに受け継がれ、ドイツ民族の「生存圏」確保のためとして侵略を正当化する理論が創り出された。これが日本にも入ってきて、「満蒙生命線」論を基礎づけることになっていったのである。

日本の大陸進出は、実際には大アジア主義よりはもっと明確な帝国主義思想――さらに正確にいえば「後発帝国主義思想」――である生存圏思想に基礎づけられて展開されていったものなのである。しかし、大アジア主義も、まえに見たように、もともと中国大陸東北部への北進論の傾きをもっていたから、それと結びついたのである。

ところが、日中戦争の行き詰まりが生まれていたうえに、ヨーロッパでのドイツの勝利から、南方にチャンスが生まれた。そこで、北進の論理はそのままに、機会主義的《オポチュニスティック》に南進に転じたのである。そして、この南方施策を重点にする態勢転換にともなってもちだされたのが、大東亜共栄圏構想だったのである。

だから、一九四一年(昭和一六年)一二月の日米開戦後、翌年の一月に急遽、大東亜共栄圏の理論化のために高坂正顕、高山岩男ら京都学派による『世界史的立場と日本』の座談会が開かれたりしたのであり、同年一一月になってはじめて大東亜省が設けられ、さらにその次の一九四三年（昭和一八年）一一月にようやく大東亜会議が開かれたのだ。大東亜共栄圏というのは、このようにして、事後的に正統性創出の努力がされ、実体化が泥縄的におこなわれていったものなのである。

ここでは、もともと生存圏思想に基づきながら打ち出されていた東亜新秩序に南方がプラスされたというのが実態だったにもかかわらず、白人帝国主義からの全東亜の解放という大アジア主義の理念があらためて持ち出されて前面に掲げられ、大日本帝国の「自存自衛」だったものが東亜共同体ないし東亜聯盟の「自存自衛」へとふりかえられていったのである。

そして、この大東亜共栄圏の思想において特徴的なのは、八紘一宇の主張に示されるように、東亜の「日本化」、世界の「日本化」が唱えられていることである。この「日本化」の論理によって、帝国の自存自衛と東亜の自存自衛が接合されているわけなのである。

石原完爾と国柱会が中心になった東亜聯盟同志会が、大東亜共栄圏の実体をなすとした東亜聯盟のありかたを説いたパンフレット『昭和維新論』（一九四四年改訂版）には、こうのべられている。

「八紘一宇とは、この日本国体が世界大に拡大する姿をいうのである。すなわち御稜威《みいつ》の下、道義をもって世界が統一せられることであって、換言すれば天皇が世界の天皇と仰がせられ給うことにほかならない。……真に天皇を信仰し、皇運扶翼に全力を捧げるものは、民族、国家の如何を問わず、すべて天皇の赤子であり、われらの同胞である」[10]

このように、大東亜共栄圏とは、オープンそうに見えて、実はきわめてクローズドなものなのだ。アジアの諸民族がたがいに自立しながら連帯するものではなくて、それぞれが指導者である日本と一体化され、皇民化させられることによって成り立つものだったのである。

大東亜共栄圏再興の構図

岸信介が、戦前・戦後は連続しており、戦争に敗れた責任を天皇と日本国民に対しては負うけれども、それ以外の責任はない、あの戦争は自衛の戦争として正しかった、といっている以上、彼はこうした思想を変わらずにもっていたということにほかならない。

岸信介は、戦後においても、日本が指導する大東亜共栄圏の戦後版を考えていたのである。彼が、安保改定を突破口とした「自主憲法」、「自主防衛」、「アジアへの経済進出」という政治プログラムの向こうに構想していたのは、それだったのである。といっても、けっして、それは反動家の時代錯誤的《アナクロニスティック》な夢想のようなものではなく、彼なりの現実性をもった国家構想のグランドデザインだったのである。

岸自身、「新大東亜共栄圏をめざしていたのではないか」という岩見隆夫の問いに、こう答えている。(11)

「アジアというものとね、日本がだ、本当に結合してですよ、そうしてその代表としてアメリカと手を握るということだよ」

「(熱っぽく)あれはねえ、大東亜共栄圏なんていうのは、ずいぶんいろんな批判あったけど、根本の考え方間違ってませんよ。私は今でもそう思ってるけどね」

アジアの盟主となって、それから対等にアメリカと手を握る、それを新しい大東亜共栄圏だといってもいい。こういっているのだ。

安保改定は、安倍晋三がいっているような日本の「独立度を高め」て日米関係を「対等に近い」ものにするために考えられたものではない。日米の同盟関係を永続的なものにするために企図されたものだったのである。そして、相変わらず残り、むしろ改定によってこれまでより鮮明にあらわれてくることがあるにちがいない日米関係の非対称性、不平等性は、かえって改憲を促す材料に転化することができる。そう岸は考えていたにちがいない。岸は、安保改定の後には、地域末端から自主憲法制定の国民運動を起こすことを考えていた。

そして、改憲によって通常戦力と海外派兵を手にしてアデナウアー・オプションを実現できるようになる。この時点において日米軍事同盟を相互援助条約による真に双務的なものとすることができたら、ここで独自外交を展開して、場合によっては中国との平和条約締結も視野に入れて、アジアでの指導権を確立し、それまでアジアへの経済進出でつくりあげていた潜勢力を顕在化させて、アジアの盟主として、現代版大東亜共栄圏をつくりあげていこう。大雑把に言って、こういう構想だったと思われる。

そして、状況の組み合わせのなかでチャンスが生まれれば、場合によっては核武装も考えていたかもしれない。実際、岸は一九五七年（昭和三二年）五月一四日の記者会見で、「現憲法下でも核兵器の保有は可能」という発言をしている。発言は正確には、

「核兵器そのものも今や発達の途上にある。原、水爆もきわめて小型化し、死の灰の放射能も無視できる程度になるかもしれぬ。また広義に解釈すれば原子力を動力とする潜水艦も核兵器といえるし、あるいは兵器の発射用に原子力を使う場合も考えられる。といってこれらすべてを憲法違反というわけにはいかない。この見方からすれば現憲法下でも自衛のための核兵器所有は許される」(12)

というものであった。そして、これに続けて、

「実力のない自衛は無意味である。……日本も近代戦に対処しうる有効な自衛力を持たなければならない」(13)

とのべている。

この時点では、少なくとも可能性としては日本核武装を考えていたことになる。そうなれば、完全にゴーリスト・オプションが可能になる。……

これはけっしておおげさではなく、岸はそれくらいのスケールのことは考えていただろう。

しかし、それらすべてを通じて、日米同盟を永続的な前提とする点は変わらなかったはずである。そして、冷戦が続くかぎり、反共という枠組も変えることはなかっただろう。というのは、かつての大東亜共栄圏構想が、日本がアジアにおいて白人帝国主義と戦う指導国になるという点を国際的な枠組にしていたのに対し、戦後の岸版大東亜共栄圏構想は、日本がアジアにおいて国際共産主義と闘う

防壁になるという点を国際的な枠組にしていたからである。この枠組が続いてこそ、そのもとでの大東亜共栄圏再興を進めることができるのである。

反欧・親亜の大東亜共栄圏から反共・親米の大東亜共栄圏へ——そこに岸信介の構想の連続性と変身があった。その変身の要素にはまた、戦前型のアジア進出ではアジア諸国から拒否されるという教訓から学んだところがあった。反欧・親亜から反共・親米へ枠組を変えただけではなく、教訓に学んで、いくつかの手法の変更をおこなった。

一つには、進出の順序を変えた。戦前の日本帝国主義の進出は、山県有朋の「帝国国防方針」以来、満州と朝鮮をまず対象とし、続いて東南アジア、太平洋地域という順序で進出を図っていった。けれど、戦前、そのようにして日本の植民地支配を受けた中国、朝鮮はそれに対する反撥が強く、しかも中国と北朝鮮には人民共和国が成立して、反共・親米の枠組を守るかぎり、これとは対決しかない。そこで、逆に東南アジアから進出を始めることにしたのである。これには、東南アジア地域の地政学的位置づけから来た面もあった。岸は、東南アジアを次のように位置づけていたのである。

「東南アジアは現在米、ソ両陣営の力の空間地帯となっている。日本が自由主義陣営の一員としての義務をつくす上にも、国際外交舞台に活躍するためにも、復興した日本経済の市場確保のためにも、東南アジアは日本にとって重要性が大きい。日本の工業力と技術とをもって東南アジア新興国の経済的基盤確立を援助すると共に、日本の市場を拡大し、これによって政治的にも緊密に結びつく。こういう方向が今後の日本外交の進路である[14]」

このようにして、東南アジアを日本の政治的・経済的な勢力圏に組み込んでいこうというやりかたは、先に見たような戦前日本のアジア進出初期の「生存圏」的発想と同じである。賠償や経済援助から始めて、市場として開発し、やがて政治的結合を緊密にしていくというソフトなやりかたである点が違うが、発想は戦前と同じなのである。

もう一つの手法の変化は、たとえ経済進出であっても、日本が単独で出ていくのではなく、共同で出ていくようにしたこと、そして、その出方もできるだけ植民地主義的な匂いを感じさせないニュートラルなものにしたことである。こうした手法は、例えば、「アジア開発基金」という構想によくあらわれている。

岸は、首相就任直後、二次にわたる東南アジア諸国歴訪をおこなったが、ここで打ち出したのがアジア開発基金構想であった。東南アジア諸国の経済発展のためには、先進国の援助がどうしても必要である。しかし、アメリカやソ連の援助ということになると、政治的な意味が感じられて、援助を受ける側で二の足を踏むところがあるだろう。そこで、いちばん資金をもっているアメリカが中心になって、日本を含め複数の国が出資をして、それぞれの国の民族資本も出す、という形にしたらどうか、という提案だった。これは、実質においては、アメリカと共同で、開発基金というオブラートでくるんだ資本進出を進めていく、ということである。

このアジア開発基金構想の意図について、岸はこう語っている。

「この構想が実現すると、東南アジアにおける日本の主導権が確立する。ということは、東南アジアにおける中共、ソ連の影響力を排除し、自由主義陣営の立場が強化されることになる。もちろん日本の産業界も潤うだろう[15]」

「この構想は米国を金主とし、米国からできるだけの資金を引き出して東南アジアにばらまこうというもので、米国が直接やれば民族感情を刺激するから、同じアジアの一員である日本を通じて行うところがミソなのである。……しかし、これは米国からすれば日本だけがいい子になる虫のいい考えと受け取られる可能性が多い[16]」

しかし、これにはアメリカも支持せざるをえない側面があった。というのは、日本の製品や資本の輸出市場としてアジアのどこかを確保してやらないと、日本が中国と結ぶ可能性があったからだ。

実際に、高碕達之助や松村謙三のような保守派の政財界人が、中国との平和条約、日中国交回復を実現して、社会体制の相違を越えて日中が中軸になって協調し、それでアジアをまとめていこうという構想が動きはじめていた。もっとも、その裏には、日本資本の中国市場への進出意図があった。

そちらに行かれるとアメリカは困る。だから、アメリカは、すでに一九五五年（昭和三〇年）の時点で、日本の東南アジア進出を支援する立場をとっていた。同年四月九日採択のアメリカ国家安全保障会議文書にこうある。

「米国が自由主義アジアの経済開発計画に参加することを通じて、日本の貿易拡大を促進する。……日本が技術援助と資金の供与によって南アジア・東南アジアの開発に寄与するよう奨励する[17]」

また、一九五九年（昭和三四年）九月一七日付、国家安全保障会議承認の極東政策政策指針には、こうある。

「アジアの非共産勢力を強化する努力で、日本とインドの中心的な役割に注目すべきだ。米国および自由主義陣営の利益と合致する形で、共産主義勢力の突出に対抗するため、両国は影響力を行使するよう奨励すべきだ」

このように、アメリカは、独自の観点から日本の東南アジア経済進出には乗り気だったのだ。このアジア開発基金構想は結局のちにアジア開発閣僚会議やアジア開発銀行という形で実現されている。そして、これは、「岸基金」と呼ばれ、賠償汚職の温床になっているとして追及を受けることにもなった。

このような手法を採ることによって、岸は、将来の大東亜共栄圏再興に向けて、当面は、日本を盟主とした東南アジア反共国家群の統合を果たして日本の勢力圏とし、「中型帝国主義」を成立させることをめざしたのである。岸自身が「中型帝国主義」という言葉を使っている。

「アメリカとけんかしちゃいかんしロシアともいかん、中国ともまあ出来るだけケンカせんようにして、東南アジア、インドネシアとかタイとかマレーとかを勢力圏の中に入れて、中型帝国主義になる以外にこの一億人を食わす方法はない。小型では駄目なんで……」(18)

このようにして、岸は大東亜共栄圏再興の国家構想を実現すべく、着々と手を打っていったのである。では、これがなぜ実現しなかったのか。安保改定はなんとか実現したものの、安保反対運動の高揚によって岸政権が倒されてしまったからである。

民主か独裁か

岸政権が倒された伏線は、一九六〇年（昭和三五年）二月に岸が解散・総選挙にふみきれなかったことにあるように思われる。

この時点では、すでに前年に安保改定阻止国民会議が結成され、カンパニア的な統一行動が数次にわたっておこなわれていたものの、一一月二七日の統一行動で全学連を中心とするデモ隊が国会構内に突入して耳目を集めたくらいで、世間はいわゆる「岩戸景気」に湧き、国民的規模で安保反対の動きが盛り上がっているとはいえなかった。しかも、社会党内部で安保闘争を批判していた西尾末広らが離党して民社党を結成するなど、政党レヴェルでは安保賛成派が反対派を圧倒できる状況にあった。

そして、この年一月に訪米して新安保条約に調印して帰国したあと、野党やマスコミから、安保改定の是非について国民の信を問え、という要求が上がっていた。岸がこの要求に応える形で、解散・総選挙にふみきることを考えていたことが知られている。もし、そうしていたら、おそらく、自民党は多数を獲得し、それによって岸は、安保改定は国民に承認された、という大義名分をえて、その後の国会運営は、かなりスムーズなものになったはずだ。

政治学者の北岡伸一も、「もし総選挙が行われていたら、自民党は勝利し、新条約は比較的簡単に国会を通過し、アイゼンハワー大統領は来日し、岸内閣はさらに続いただろう」という見方をしている。[19]

ところが、なぜか岸は解散しなかった。その謎がアメリカの秘密文書公開で解けた。一九六〇年(昭和三五年)二月四日付の秘密電報で、アメリカのハーター国務長官がマッカーサー駐日大使に、アメリカの批准審議の日程からして衆議院解散に反対する旨、岸に伝えるように指示している。そして、マッカーサー大使は岸に会い、折衝の結果、結局解散は回避されたのである。[20]

このあと、国会での審議の過程で、実際には本質的な問題ではない「極東の範囲」はどこまでか、というようなことをめぐって、国民の不審を招くような政府答弁が相次いだこともあって、安保反対の声が国民的な広がりをもつようになっていった。

左翼や革新勢力だけではなく、大衆あるいは市民と呼ばれるような人たちが、安保改定に何かうさんくさいものを感じて、積極的に行動するようになったのである。これは、誰か別の者に統治されるのではなく、みずからがみずからを統治するのだという、民主主義の原則からいって、望ましいことだったのである。

ところが、岸信介は、こうした動きに対して、どう反応したか。岸はこう語っている。

「安保のときのデモというのは、いわゆる大衆じゃないと思っていました。まあ一部の大衆といってもよい。しかも、ある意図でもって組織されている一部であって……。総評や全学連や、あるいは背後にある極左的な勢力だったと思います。一般大衆は無関心だったと思うんです、大部分は。前にも話しましたが、あのときも国会の周りはデモでナニしていたけれども、後楽園球場では数万の人が入って野球を楽しんでいた。銀座通りには若い男女が手をつないで歩いていた。それが大衆であって、いわゆる『声なき声』ですよ。声を出しているのは一部のつくられたナニであって、あれは大衆じゃないというのが私の当時の見方でした[21]」

組織された大衆は大衆ではない。みずから政治的な関心をもって自己統治としての民主主義に関わろうとする大衆は大衆ではない。大衆というのはエリートが打ち出す方針に自分の「低い」関心と能力の範囲で参加し協賛するものなのだ。ここには、そういう考え方が示されている。そこには自己統治としての民主主義というとらえかたはまったくない。あるのは、エリートの政治にできるだけ多くの大衆が参画したほうが統治にとって都合がいいという民本主義の思想がせいぜいなのである。

岸信介は、戦後、民主政治を認めて民主政治家になったと称していたが、その中身はこういうものだったのだ。そして、こうした大衆観、民主主義理解が岸の命取りになった。

岸は、アメリカの意向に従って、解散・総選挙で国民の信を問うことをしなかった。そして、国会の質疑で紛糾し、日程が迫ってくると、一九六〇年（昭和三五年）五月一九日、衆議院安保特別委員会で審議打ち切りを強行、そのまま警官隊を導入して社会党議員を排除したまま本会議を開会し、新安保条約を自民党単独で可決した。

これを境に、様相が一変した。

この強行採決直後、国民、大衆、市民……それがどんな呼び名で呼ばれるものであってもいい、なんとか民主主義という名の自己統治に関わろうとする者たち、そうした者たちの反撥は急激に沸騰した。

「民主か独裁か、これが唯一最大の争点である。民主でないものは独裁であり、独裁でないものは民主である。中間はありえない。この唯一の争点に向っての態度決定が必要である。そこに安保問題をからませてはならない。安保に賛成するものと反対するものとが論争することは無益である。論争は、独裁を倒してからやればよい。今は、独裁を倒すために全国民が力を結集すべきである(22)」

この強行採決の直後、中国文学者の竹内好が、そう激越に訴えた。なぜ、民主か独裁か、なのか。「安保から独裁制がうまれた。時間の順序はそうである。しかし論理は逆である。この論理は五月十九日が決定した(23)」

ここにおいて、岸のグランドデザイン、それに対する講和論争以来の非同盟中立のオールタナティヴ、そうした歴史的選択肢――それは程度の差はあれ、また保守・革新の違いはあれ、エスタブリッシュメントのなかで醸成されてきた選択であった――とは独立に、新たな歴史的選択肢が現出した。それは、竹内好が適切に表現したように「民主か独裁か」という歴史的選択肢であり、つまりは「おれらに無断で事を決めるのか」ということであった。

五月一九日以降の日本の状況は、大衆の底のほうにいたるまで、この歴史的選択に震撼されていた。

デモ隊の波が続いたのは国会周辺だけではなかった。六月四日には、全国津々浦々四四五ヶ所で地域集会とデモがおこなわれ、実に五六〇万人が参加した、同時に、戦後最大の交通ストライキをはじめ、各地で労働者の実力行使がおこなわれ、生産点実力行使参加者は九〇万四〇〇〇人に上った。銀座の街は、手をつなぎ合って道幅いっぱいに広がるフランス・デモで埋めつくされた。

岸が「声なき声にも耳を傾けなればならない」と発言すると、「声なき声の会」が生まれ、国民会議のデモ隊列の最後尾について、道行く市民の自由参加を呼びかけ、日に日に参加者を増やしていった。

岸が「映画館や球場は満員じゃないか」と発言すると、映画館のニュース映画に登場する岸に向かって、「岸を倒せ！」という声が飛んだ。

「朝日新聞」の五月三〇日夕刊「かたえくぼ」欄には、こんな投稿作品が載っていた。

「デモニモマケズ、新聞ニモマケズ、国民ノ声ニモマケナイ、ソンナ首相ニナリタイ。――岸信介」

（東京・マユチン）

岸を倒したもの

竹内好は続いてアジっている。六月二日、「民主主義をまもる国民の集い」での講演である。

「このごろテレビに映る岸さんの顔にはだんだんファシストの面魂が出てまいりました。（拍手）これは見くびってはならないのです。見くびってはなりません。いままでわれわれは余りにもお人好しでした。何回も彼を許した。戦犯であることを許し、それから警職法のとき許し、ベトナム賠償のとき許し、許すごとに彼はそのわれわれの許したことを栄養に吸い取って、ファシストとして成長してきたのです。(拍手)こんどこそ絶対に許してはなりません。(拍手)これがために異常な、異常な決心が要ると思います。これは生易しいことではできません。人の力を借りるようなそういう弱い心では、このたたかいはできません。全国民が異常な張りつめた気持ちをもって、自分ひとりになっても、あくまでやるという決心を固めなければならない[24]」

ここでいわれている「ベトナム賠償」とは、岸路線にもとづくアジア進出に関わる問題で、次章でふれる。竹内は、もう許すな、といっている。そして、「許さない」ということが「異常な、異常な決心が要る」ことだといっている。

実際、岸たち権力者自身が、異常な決意で臨もうとしていたのである。

岸は巣鴨での戦犯容疑者仲間で、それ以後つながりをもっていた児玉誉士夫を使って、かつてついえた反共抜刀隊の再版を動員する手はずを整えていた。

その最終計画によると、博徒一万八〇〇〇人、テキヤ一万人、旧軍人・右翼団体員一万人を動員し、政府提供のヘリコプター、トラック、セスナ機の支援を受けることになっていた。活動資金として八億円が支給されたといわれる[25]。維新行動隊などの右翼暴力団は、実際に六月一五日に国会周辺のデモ隊に数次にわたって突入して暴行し、重軽傷者多数を出した。

自衛隊の治安出動も準備されていた。

すでに一九六〇年（昭和三五年）一月には、陸上幕僚監部が東京・市ヶ谷駐屯地に一個大隊の治安部隊を移駐させた。三月には治安出動準備に関する計画が各部隊に志達されていた。六月中旬には、二万人の部隊がいつでも出動できるように待機態勢をとっていた。治安出動する自衛隊は、「雷爆雷《かみなりばくらい》」という武器の使用を準備していた。ヘリコプターから投下して地上五〇メートルで爆発させ、雷のような閃光と轟音でデモ隊を威嚇するものだ。そして、岸の意を汲んだ自民党幹事長・川島正次郎が、六月一〇日過ぎから数度にわたって、赤城宗徳防衛庁長官に自衛隊の治安出動を促したのである。(26)

しかし、赤城は首を縦に振らなかった。同胞相撃つ事態をどうしても避けたかったのだ。「武器を持った自衛隊の出動で死者が出れば、デモは革命的に全国に発展する。そうしたら、収拾がつかなくなる」と考えたのである。(27)

それでも、出動を迫る岸たちに対して、最後にとどめを刺して出動を断念させたのは、柏村信雄警察庁長官の言葉だったという。柏村は、こういったという。

「総理、今日の混乱した事態は反安保、反米もございますが、それらはこのくらい（両手を十センチほど開いて）小さい。それに比べますと、この大きなデモのエネルギーは反岸で、このくらい（両手を一メートルほど大きく開いて）大きい。このデモ隊は、機動隊や催涙ガスの力だけではなんともなりません。もはや残された道は、一つ。総理ご自身が国民の声を無視した姿勢を正すことしかありません」(28)

岸信介は、顔面蒼白になって激怒し、長官罷免をほのめかしたが、かえって各地の警察幹部が反撥し、長官罷免なら、自分たちは一斉辞任すると抗議した。かくして自衛隊からも警察からも見放された岸は辞任するしかなかったのだ。

竹内好は、「民主か独裁か」の末尾に第一七項としてこう書いている。

「勝つことだけを目的にしてはならぬ。うまく勝つことが大切だ。へたに勝つくらいなら、うまく負けたほうがよい[29]」

安保改定阻止に起ち上がった民衆は、改定を阻止することはできなかった。彼らは勝つことはできなかった。彼らは、負けたけれど、岸を倒した。岸を倒すことによって、改憲から大東亜共栄圏再興にいたる岸政治のプログラム、国家構想をつぶした。彼らは「うまく負けた」のではなかろうか。

この負け方をもたらしたもの、そのような形で岸を倒したもの、それが、独裁の力に対する民主の力だったのではないだろうか。

（1）　ＮＨＫ取材班『戦後５０年その時日本は　第1巻』（日本放送出版協会、一九九五年）p. 259　文中でいう「秘密情報保護」とは、ＭＳＡ協定にともなって公布された秘密保護法による防衛秘密の漏洩阻止のことと思われる。

（2）　片岡鉄哉『さらば吉田茂　虚構なき戦後政治史』（文藝春秋、一九九二年）pp.124-125 参照。［同

書は『日本永久占領』と改題されて講談社＋α文庫に収録〕

（3）若泉敬『他策ナカリシヲ信ゼムト欲ス』（文藝春秋、一九九四年）参照。

（4）前掲・NHK取材班『戦後50年その時日本は　第1巻』p.214

（5）前掲・春名幹男『秘密のファイル』下巻 pp.250-251　傍点は引用者による。

（6）こうした手法の実態については、関岡英之「米国による日本改造」、『表現者』第五号（二〇〇六年三月）を参照。

（7）前掲・原彬久編『岸信介証言録』p.355

（8）同前 p.39

（9）纐纈厚『侵略戦争――歴史事実と歴史認識』（筑摩書房、一九九九年）pp.41-44 参照。

（10）東亜聯盟同志会『昭和維新論』（一九四四年改訂版）、橋川文三編『現代日本思想大系31　超国家主義』（筑摩書房、一九六四年）pp.382-383

（11）前掲・岩見隆夫『岸信介―昭和の革命家―』pp.215-216

（12）岸信介『岸信介回顧録　保守合同と安保改定』（広済堂、一九八三年）p.310

（13）同前 p.310

（14）前掲・吉本重義『岸信介傳』p.292

（15）前掲・岸信介『岸信介回顧録　保守合同と安保改定』p.320

（16）同前 pp.320-321

（17）前掲・春名幹男『秘密のファイル』下巻 p.249

(18) 前掲・岩見隆夫『岸信介―昭和の革命家―』p.211
(19) 北岡伸一「岸信介―野心と挫折―」、渡辺昭夫編『戦後日本の宰相たち』(中公文庫、二〇〇一年) p.168
(20) この間の経緯については、春名幹男『秘密のファイル』下巻 pp.324-326 参照。
(21) 前掲・原彬久編『岸信介証言録』p.337
(22) 竹内好「民主か独裁か」[一九六〇年五月三一日筆]、『竹内好評論集』第三巻(筑摩書房、一九六六年) p.225
(23) 同前 p.226
(24) 竹内好「四つの提案」、『竹内好評論集』第三巻 p.234
(25) デイビット・E・カプラン/アレック・デュブロ [松井道男訳]『ヤクザ ニッポン的地下犯罪帝国と右翼』(第三書館、一九九一年) p.117 当時の『ファー・イースタン・エコノミック・レヴュー』の報道による。
(26) このときの自衛隊出動計画については、前掲・NHK取材班『戦後50年その時日本は 第1巻』pp.322-336 [第6章「自衛隊治安出動計画」] 参照。
(27) 同前 p.353
(28) 鈴木卓郎『警察庁長官の戦後史』(ビジネス社、一九八四年) p.118
(29) 前掲・竹内好「民主か独裁か」p.230

第七章　高度成長の裏面
――動きつづけた統制経済マシーン――

政治の季節から経済の季節へ

安保闘争が終わり、岸信介が退陣したことによって、日本の社会情況は大きく変わった。

一九六〇年（昭和三五年）七月に成立した池田勇人内閣は、「寛容と忍耐」をうたい、民主主義を尊重することを強調するとともに、「所得倍増計画」を掲げて経済成長を政策の中心においた。

池田は、「憲法改正については基本的な問題だから多数で押し切るようなことは民主的な考え方ではないと思う」と発言し（朝日新聞一九六〇年一〇月二一日）、のちには「在任中には改憲はおこなわない」と明言するなど、現行憲法維持の姿勢をとった。こうして、安保改定ののちは小選挙区制で多数をとり、自主憲法制定に進むという岸の政治プログラムは挫折を余儀なくされることとなった。

これは、安保闘争の過程で、「安保改定か否か」という選択肢が「民主か独裁か」という選択肢にとってかわられることによって、独裁＝岸の政治路線全体が否定されるという結果になったことを示している。その意味では、安保闘争は、安保よりももっと大きな改憲阻止というところで国家構想を民主＝護憲のほうにゆりもどしたという意味をもっていたといえる。

かくして、池田政権は、国民を政治的に刺激するようなことはやめて、経済成長に専念していき、政治の季節は去ったのである。以後長い間、保守政権は安保闘争で倒された岸の教訓を忘れず、改憲構想やアジアの盟主論などを持ちだすことは避け、国家構想すら公然とは打ち出そうとしてこなかったのである。そして、その後、池田の所得倍増計画は着々と成果を上げ、岩戸景気からオリンピック景気、いざなぎ景気と大型好景気を続け、約二〇年にわたって高度経済成長を持続したのであった。

こうした状況に対して、岸はしばしば不満と苛立ちを隠さず表明していた。

例えば、岸は一九六五年（昭和四〇年）に、アメリカの雑誌に寄稿するという形で、改憲、軍隊の創設を説き、豊かな生活に埋没せずに日本人としての自信と誇りを回復させなければならないと訴えている。

「日本の役割と責任を考察すれば、われわれは党内派閥の和解は不可能と考えてはならない。私には、最善の方法はすべての派閥が野党に対抗できるうえで団結できるような問題を見いだすことであると思われる。そして私はこのような問題は、日本が正式に軍隊を維持することを禁止した憲法の条文の改正でなければならないと主張する。

この問題は単に保守勢力結集の手段としてのみならず、日本の敗戦と米軍の占領の結果を完全に根絶するための手段として取り上げられねばならない。日本を最終的に戦後の時代から脱却させて、日本国民に日本人としての自信と誇りを回復させることが必要である。その時初めて真の日本の復興が始まるのである。日本は国民全体がテレビを持ち、十分な食料と多くの収入があるというだけで国家をなしていると考えてはならない(1)」

けれど、岸の切歯扼腕にもかかわらず、経済優先の風潮は続いた。

高度成長を推進した日本株式会社

この高度成長計画は、池田内閣のブレーンの一人だった下村治の理論に従ってマクロ経済を成長主導にセットしたことによってもたらされたのだといわれている。確かに、それが成長を全面化し持続させた要因であったとはいえる。

だが、この高度成長が始まったのは、政策的に見ても、岸政権が一九五七年（昭和三二年）一二月から策定していた「新長期経済政策」からで、このときにもすでに計画のなかに「国民所得倍増」という発想が含まれていた。また、景気循環自体から見ても、すでにそれより前、一九五五年（昭和三〇年）の神武景気から成長が始まっていたのである。そのころから、日本経済には高度成長を可能にする構造的要因と政策体系がそなわっていたと考えられるのである。それはなんだったか。

のちに、「日本株式会社」（Japan Inc.）と呼ばれた政・官・財が一体的に協働し、また国民全体が国民経済への国民的協力をおこなっていく体制がそれであった。

経済学者の都留重人は、この体制を分析して、次のような要因を指摘している。[2]

官民一体になった国家秩序による規制的・組織的煽動方法、資源エネルギーの確保と動員ならびに配置の方法、海外の経済基地を労働力と資源の現地調達の見地からフルに利用するやり方、これに大衆的貯蓄性向の異常なまでの高さや国債消化への国民的協力という国民経済への国民的協力をセットして、これらを通じて、農業から軽工業へ、軽工業から重化学工業へと生産性向上の一大運動を展開したのだ、と。

確かに、このような要因があったことが認められるだろう。ところが、ここで重要なのは、いま列挙した要因は、都留が戦中の日本国民経済の特徴にも通ずるものとして挙げたものだという点である。それらがそのまま戦後にも引き継がれたことが高度成長を実現したのだ、と都留はいっているのである。

そして、そもそも「日本株式会社」というのは、日本の戦後ジャーナリズムがつくりだした言葉ではなくて、アメリカの経済ジャーナリストが、戦前日本の経済を指して使った言葉なのだという。

政治学者の新藤榮一によると、アメリカの経済誌『フォーチュン』日本特派員のマーチボルド・マクリーシュが、一九三六年（昭和一一年）に二か月日本に滞在して、吉原から宮廷まで、日本をくまなく見てまわり、日本の資本主義はどこの資本主義にも似ていない、これはまるで「日本株式会社」だといったのが最初だという。[3] それを『フォーチュン』日本特集号に書き、この体制をとっているかぎり、日本は平和的ではありえない、他国と共生し合うにはこの形を変えなければいけないとマクリーシュは主張したということである。

一九三六年といえば、岸信介が少壮の商工省官僚として「国民的協働」(Gemeinarbeit des Volks《ゲマインアルバイト・デス・フォルクス》)を掲げて統制経済体制整備に辣腕を発揮し、産業開発のために満州国に迎えられた年である。まさしく岸が推進していた方式をマクリーシュは、「日本株式会社」と呼び、これをやっているかぎり日本は平和的ではありえない、といったのである。

このネーミングは、なかなか当を得ている。というのは、このあと、岸たち革新官僚たちが展開していった統制経済論は、前に見たように、奥村喜和男の「民有国営」論に収斂されていったからだ。「株式会社」という「民有」のものを、「日本」という「国」が経営する、というのが「民有国営」論である以上、「日本（＝国営）（民有＝）株式会社」ということになるわけである。

そして、その方式が、戦後の高度経済成長を推進した方式でもあったのだ。それでは、それは、戦前から戦後へ、どのようにして受け継がれていったのだろうか。

継承されてきた統制経済マシーン

第二次大戦中の日本の総動員体制は、それなりに高いパフォーマンスを上げた。戦争目的の一点に向けて、すべて資源を――物的資源だけではなく「人的資源」としての人間をも――動員し統制するマシーンがフル稼働していたのである。そのマシーンを動かしていたのは、軍需次官・岸信介をはじめとする統制官僚であった。

　戦後、占領軍は、内務官僚を中心に、一定の高級官僚たちを公職追放に処したが、経済官僚はほとんど無傷のまま残った。岸の右腕だった椎名悦三郎をはじめ、「岸機関」「岸人脈」の中枢はそっくり生きていた。また、官僚機構の統制組織、統制技術は、そのまま継承された。だから、軍事的な戦争目的のために組み立てられた統制経済機構は、そっくりそのまま平和的な経済復興目的のために転用されたのである。

　占領時代には、一九四六年（昭和二一年）二月に経済危機緊急対策本部として経済安定本部が設置され、経済統合の総合官庁と位置づけられたが、これは戦中の企画院が衣替えしたものにほかならなかった。戦前に企画院事件に連座した和田博雄が総務長官を務めた時期があるように、経済安定本部には企画院経験者が多かった。また、その中心メンバー、スタッフは、戦前の企画院と同じように、佐々木義武や佐伯喜一などの満鉄人脈で構成されていたし、その政策立案のやりかたも満州以来の計画統制経済の手法であった(4)。

　講和発効後、経済安定本部は、経済企画庁に改組され、統制経済から自由経済への転換を主導するものとされたが、それにしたがって、単に長期計画を立案するだけの機関となって影を薄くしていった。それに代わって実質的権限をもってくるのが、戦前の商工省の後身である通産省であった。朝鮮戦争・朝鮮特需で復興した日本経済が成長軌道に乗ってくると、通産省が「日本経済の参謀本部」としての機能をになって、産業政策を駆使していくようになるのである。

通産省には商工省以来の岸人脈が広く深く生きていた。特に岸が首相になると、通産大臣には満州人脈の高碕達之助が就任し、のちには椎名悦三郎が就任している。一九五〇年代後半には、通産省内では「困ったときの椎名参り」という言葉ができていたといい、椎名を媒介に岸人脈が中枢を占めた一九五〇年代後半から六〇年代初めまでは、次官、局長クラスがほとんど「椎名門下生」で固められていたという(5)。

もちろん、戦前・戦中とまったく同じだったわけではない。戦前の官僚統制が、天皇と軍部を背景にして権威主義的におこなわれるハードな統制であったのに対して、戦後の官僚統制は、そのような権威と権力をバックにすることはできず、もっぱら、予算措置、補助金、優遇税制、許認可制度、行政指導などを通じたソフトな統制にならざるをえなかった。

また、戦後初期は、財閥解体や過度集中力排除といった、自由経済体制の導入が盛んに図られたこともあって、統制経済が否定されているような趣きもあった。だが、それは力点の違いであって、統制の否定ではなかった。むしろ、経済復興の手段としては統制が広範に用いられ、戦中以来の統制官僚が活躍したのである。

そのような手法の違い、力点の違いはあっても、官僚と財界、つまりは国家と独占資本が結合して、国家は独占資本に独占利潤を保証し、独占資本は国家利益に貢献するという国家独占資本主義の体系ができあがっていった点では戦前と同じなのである。

「官」のほうだけではなく、「財」のほうも、戦前来の組織をそのまま継承していた。

戦後まもなく、一九四五年（昭和二〇年）九月に経済団体連合会（略称・経団連）の前身である経済団体連合委員会が発足したが、これは戦中の重要産業協議会をおもな母胎としたものであった。この重要産業協議会は、その名からも推測がつくように、重要産業団体令に即応した各産業分野ごとの統制会を統括するものだったのである。

まえに見たように、一九四一年（昭和一六年）、商工大臣になった岸は、鉄鋼、自動車、貿易をはじめとする一二の重要産業分野で統制会をつくりあげた。統制会というのは、それぞれの産業分野において、その産業の生産・供給の計画、資材・資金・労働力の調達に関する計画を政府と一体になって作成し、そうした計画にもとづいて、その産業内部の企業に対して指導・統制することを任務とするものだった。それぞれの産業ごとの統制会だけでなく、それら全体を統括する中央統制会もつくられた。この中央統制会の機能を果たしたのが重要産業協議会だったのである。

だから、のちに「財界の総本山」と呼ばれ、会長は「財界総理」と称された経団連は、その出自において、岸が運営した統制経済マシーンの産業界側の組織を衣替えしたものにほかならなかったのである。当然、その各産業別の組織は、商工省が衣替えした通産省の官僚機構——それも戦前以来の統制官僚機構——とそれぞれ結合していたのである。

このようにして、「官」においても「財」においても、戦前来の岸統制経済マシーンが連続的に支配してきたのが日本経済の実態だったのである。そして、それが戦前の戦争目的から経済成長目的に変わっただけの「日本株式会社」の機構を動かしてきたのである。

そして、一九九〇年代にいたって、この機構がかえって日本人を不幸にしているという認識が広がってきて、ついに「構造改革」という名の「日本株式会社」解体が始まったのである。安倍晋三は、その構造改革なるものを闇雲にごり押ししていく小泉首相のやりかたを支持し、祖父がつくりあげたメカニズムの解体に勤しんできたのである。そして、にもかかわらず、「岸復権」の御神輿に乗ろうとしているのは、どういうわけなのであろうか。

賠償ビジネスとアジア進出

高度成長をリードしてきたもう一つの要素、対外的要素は、貿易自由化による輸出の拡大であり、市場の拡大だった。そして、この点でも、戦前以来のもう一つの岸マシーンが、東南アジアをはじめとするアジア市場への進出で作動していた。

このマシーンも満州人脈から成り立っていた。その一人が日本工営の創立者・久保田豊だ。久保田は、戦前、朝鮮水電に技術者として入社、朝鮮北部の赴戦江を手始めに、次々に水力発電開発に関わり、満州国と連携して、朝鮮との国境を流れる鴨緑江に巨大な水豊ダムを造り上げた。このとき、岸と親交を結び関係ができている。戦後、日本工営を設立した久保田は、ダムを造ることで賠償を果たしたらどうか、と岸に持ちかけたらしい。ここに、賠償ビジネスが成立していく。

この賠償ビジネスをうまくまわすために、日本政府・相手国政府・日本大企業の間に、岸人脈の主導で三角同盟ができる。その三角同盟が、例えばヴェトナムへの賠償の場合、こんなふうに働いた。

一九五七年（昭和三二年）、まず東南アジア歴訪の岸首相が南ヴェトナムで反共傀儡政権のゴ・ディン・ジエム首相と会談して、南ヴェトナムにだけ賠償を払うことを約束する。その裏には、ヴェトナムで社会主義勢力・民族解放勢力を押しとどめようとするアメリカのバックアップがあった。

このとき、すでに久保田豊が、その意を汲んでか、やはりゴ・ディン・ジエムと会談しており、そこでダニム発電所建設の交渉をして、これを決定させている。そして、このダニムダムの建設には、日本工営が設計に当たり、三菱、東芝、鹿島建設、間組などの大企業が参入する。傀儡政権との間には、のちに当時のカネで二〇〇億円もの不明金が出るような不透明な関係が成り立っていた。傀儡政権の腐敗は著しく、どんな操作も可能だったのだ。

ここで抜いたカネを三角同盟で分配したとする。そうすると、三者は、裏金が入ったうえ、日本政府は、賠償の成立を成果とすることができ、しかも反共傀儡政権を支えたことで、アメリカに対して「アジア反共の砦」としてのポイントを稼げた。南ヴェトナム政権は、賠償でダムが手に入り、国民にいい顔ができた。日本企業は大きなビジネスができたうえ、ヴェトナム進出の足がかりをつくれた。三者それぞれ利益を上げられた。そういう疑惑である。

もしそうなら、利益を損なったのは誰か。日本国民である。賠償は、もちろん日本国民の税金でまかなわれたものだ。それがこのようにして賠償三角同盟の食いものにされてしまったのだ。

それだけではない。ヴェトナムの国民、特に賠償の対象からはずされた北ヴェトナムの国民も利益を損なった。北ヴェトナムでは、戦争中に日本軍による米の強制供出で大きな飢餓を招き、タイビン省などで多数の餓死者を出した歴史がある。しかし、賠償はいっさいされないことになってしまった。このような具体的な戦争被害に対して個人賠償はしないで一括して政府を通じて賠償するという日本政府の方針は、日本国民の税金を使いながら、賠償ビジネスを潤わせることはあっても、犠牲になった民衆に対して償いをすることにはなっていないのではないか。

しかも、この賠償ビジネスは、アジア諸国に対する経済進出の足がかりなのだ。久保田豊は、「賠償は一種の前払い金と思えばいい。技術、商品をこれにあてれば、将来、貿易の呼び水になる」というのが持論だったという。[6] その持論にもとづいて、久保田の日本工営は、東南アジア各地で賠償によるダムを造っては、それらの諸国の政府を自社の得意先として確保していったのである。

このような東南アジア諸国に対する賠償問題を関係者間で調整する機関として、いわば裏の三角同盟に対して表で動く機関として「アジア協会」があった。これを運営したのも、岸の満州人脈である。その中心になったのが、満州国官吏として勤務し、五族協和・王道楽土のために働いた経歴のある藤崎信幸だった。彼は、もともと日本のアジアへの雄飛を夢見る大アジア主義者であった。そして、その夢を戦後も捨てなかった。「日本は将来、やはりアジアと共存し、盟主になるべきだ」という信念をもっていたという。そして、その信念から、同じ志向をもっている岸を訪ね、「アジア問題調査会」の設立資金援助を頼んだところ、岸は「よしわかった、一億つけよう」と応じたという。[7] こうして、アジア問題調査会は岸マシーンに組み込まれた。

このアジア問題調査会がアジア経済・産業関係の諸団体を統合して組織したのがアジア協会である。アジア協会は、東南アジアとの経済協力、賠償問題の解決に積極的に取り組み、ビルマ（現ミャンマー）、カンボジア、フィリピンなどとの賠償問題をコーディネートしたのである。こうして、賠償をめぐる岸マシーンの活動は、東南アジアの反共開発独裁政権すべてに広がっていった。

賠償は、ダム建設のような開発援助だけでなく、円借款による物品の援助などもおこなわれ、それが日本企業の経済進出の足がかりになっていった。さらに、経済協力の名のもとに、前に見たアジア開発銀行などの機構を使いながら、日米共同の資本進出も進めていった。

こうして、岸の「中型帝国主義」構想にもとづいて東南アジアが日本の経済的勢力圏になっていったことが、まだアメリカ市場への進出が充分できていない五〇年代、六〇年代初めに、実は高度経済成長を保証する重要な要素になっていたのである。

だが、東南アジア諸国において、政権周辺はともかく国民のなかでは、こうした「援助を通した進出」は不評だったのだ。村上兵衛が当時いっている。「アメリカの資本・日本の技術・東南アジアの資源」で東南アジアの経済開発をすると宣伝しているが、「アメリカの資本・ヨーロッパの技術・日本の労働力」で日本の経済開発をするといわれていい気持のする日本人がどれだけいるか、と。(8) それを軽々しくいうのは、日本がいい気になりすぎだ、というわけである。

そのツケはやがて来た。

一九七四年（昭和四九年）、石油危機に対応して東南アジアの資源を確保することを一つの目的に東南アジア歴訪の旅に出た田中角栄首相は、各地で激しい反日デモに迎えられた。

まずタイ。岸マシーンが先駆けになった日本株式会社の猛烈な経済進出によって、タイは年間二億ドルを超える対日貿易赤字に苦しんでいた。学生のデモに包囲された田中は、首相官邸で学生運動組織・全国学生センターの代表と会見し、学生代表は、日本は一度目は軍事進出、今度は経済進出でタイを食いものにしている、と非難した。

次に訪れたインドネシアでも、反日暴動は燃え上がり、焼かれたり川に投げ込まれたりした自動車が二〇〇台を超え、軍隊が出動して鎮圧、死者一一名を出した。田中は大統領宮殿から一歩も出られないまま、ヘリコプターで空港まで脱出するありさまだった。岸のツケを田中が払わなければならなかったのだ。

こうして、岸の新版大東亜共栄圏構想に基づく東南アジア勢力圏づくりは、民衆の力で粉砕されたのだ。いま、タイやインドネシアは、どうなっているか。華僑経済を媒介にして、事実上、中国の勢力圏ではないか。どうしてこうなったのか。

最近の中国や韓国の反日の動きを、それぞれの政権の思惑によって動かされているかのように見ている人たちは、この七〇年代の東南アジアの反日暴動にたちもどって考えてみるべきである。なぜ、日本は東南アジアの民衆に拒否されたのか。それをきちんとつかまないかぎり、極東アジアの民衆にも、ふたたび、さらに強烈に拒否されることになるにちがいないのである。

われわれにとって、歴史認識の問題とは、国と国との問題ではない。歴史は国と国との関係で動いてきたのではないのだ。国という形式をも通した、しかしそれだけを通したものではない人と人との関係で動いてきたのだ。だから、歴史認識の問題とは、われわれにとって、日本と中国、日本と韓国・朝鮮、日本とアジア諸国との間の問題ではない。日本人と中国人、日本人と韓国・朝鮮人、日本人とアジアの人々との間の問題なのだ。そして、それは、「日本人」の問題ではなく、「私」の問題なのだ。「私」につながる日本人、そこに「私」の責任がある。

政治は力であり、金だ

さて、話を少しもどそう。さきほど、戦前以来の官・民一体の統制機構が「日本株式会社」を構成し、それが高度経済成長をリードしてきたといった。それでは、それに「政」すなわち政治家はどう関わってきたのだろうか。

のちには、その関わりのなかから「官と民との媒介装置としての自民党」という形が出来上がっていった。

戦中の国家総動員体制のなかでは、工業においては産業報国会、経営においては各種統制会、農業においては産業組合、地域においては町内会・部落会と隣組・常会など、ほとんどの領域においてほぼ完璧な組織化がなされていた。それを天皇の権威と軍部の権力を背景にした権威主義的テクノクラートとしての統制官僚が指導していた。

戦後の社会においては、この総動員体制を転用した官僚統制がおこなわれたが、天皇の権威と軍部の権力はもはやそこにはなかった。あくまで利己的な個人が集まった利益集団であるさまざまな民間組織を官僚がみずからの下に編成していくという形でしか統制をおこなえなかったのだ。したがって、そこには官と民を媒介するものが必要だった。その役割を政党が果たさなければならなかった。

のちに、自民党の一党支配が完全に確立するようになると、この関係が発達して、「政」（政治組織）「官」（官僚組織）「民」（民間利益組織）の間に相互に対抗しあいながら依存しあう、いわゆる「鉄の三角形」構造が形づくられた。

だが、それはのちの話で、岸政権のころは、まだそこまでいっていない。まだいわゆる中間組織化が進んでいなくて、民間利益組織、各分野の利益集団の組織と力が充分発達していなかったから、問題は「官」と「民」ではなくて、まだ「官」と「財」だった。保守政党は、官僚と財界の間を媒介する役割を果たすものだったのである。

そこでは、保守政権は、まだ古典的な形での「独占資本の政治委員会」として、国家と独占資本を一つの機構に結びつける役割をしていた。そして、そこに政治権力が営まれ、政治資金が流れ込んだのだ。政治における力と金の源泉はそこにあった。

「政治は力であり、金だ。力ある者のみが党内競争者をけ落し、その主導権を確立することができる。そうすることによってのみ自分も保守統一を遂行できるのだ」

これは、一九五三年（昭和二八年）一月一九日頃というから、前年一〇月日本再建同盟が総選挙で惨敗し、岸が新党結成をあきらめて新しい方向を模索しているとき、周囲に漏らした言葉だという。(9)この言葉は放言でもなければ、ついホンネが漏れたというものでもない。この言葉を記録した吉本重義がいっているように「岸の信念」なのだ。

のちに、こういうふうにもいっている。一九七五年（昭和五〇年）二月二五日、前年、田中内閣が金脈問題で倒れ、一二月に椎名裁定で三木内閣が誕生したときに、次のように発言しているのだ。

「独禁法でも政治資金でも、カネを出すことがいかんという思想はいかん。とくに政治資金の場合、『企業献金は悪』という思想はいかんと思う。三木君は、自分でもまさか政権がくるとは思っていなかったろうから、野にあった時にきれいごとをいいすぎたね」(10)

このように、岸信介は、資本主義社会における政治権力というものがどういうものか、それをしっかりとふまえ、公然とした政治姿勢として保持していくべきだと考えていたキャピタリストであり、リアリストだったのだ。ここを押さえておかないと岸を理解することはできない。

満州国以来の岸の宿敵・辻政信、ノモンハン事件の作戦参謀で戦後は国会議員として活動していたこの元陸軍大佐は、岸の政治献金疑惑、買収疑惑をさまざまな形で追及しつづけたが、ついに決定的な打撃をあたえられないばかりか、ついには自民党を除名されてしまい、ラオスの密林のなかに歩み入ったまま、帰らなかった。(11)岸の「力と金」は、基本的に、辻が考えているような後ろめたい、スキャンダラスな形で獲得されたものではなかったのだ。だから、そのような見方からの追及は、ついに空回りに終わるしかなかったのだ。

そして、この岸のいう「力と金」の問題、保守党政治の展開のこの段階における「政治権力と政治資金」の関係の岸流の処理は、戦後岸政治というもののありかたをよくあらわすものだったのだ。

岸流正統派の政治資金調達法

岸信介の「政治とカネ」に関する考え方としては、すでに満州を離れるときに岸が語った「政治資金の濾過」論がある。

「政治資金は濾過器を通ったものでなければならない。つまりきれいな金ということだ。濾過をよくしてあれば、問題が起こっても、それは濾過のところでとまって政治家その人には及ばぬのだ。そのようなことを心がけておかねばならん」

そう岸は言った。これも、放言でもなければ、ついホンネが漏れたというものでもない。「岸の信念」なのだ。

岸は、戦後、別のところで、次のように言っている。これは「政治資金の濾過」発言の注釈になっている。

「利権に結びついた金を政治資金としてもらってはいけない、と若いのには言っているんです。……戦後はたとえばすぐ現金取引をやるから、これはいかんと私は言うんです。平生この人の世話をしているということから、こっちが要る場合に、あなたのほうで選挙費の一部に使ってください、と献金されるなら受けろ、これは利権と結びついていないんだ。それを現金取引のようなことをするからいけない(12)」

これが「濾過されたきれいな政治献金」というものの概念である。政治家として動いて実現させた政策で大きな利益を上げさせてやる。「平生この人［たち］の世話をしている」というのは、そういうことだ。そうすれば、その人たちは、黙っていてもおカネをもってくるよ、ということである。直接的な利益供与ではなく間接的なだけで、本質は変わらない。でも「濾過」されているから、問題にならない。

これができるのは、官僚政治家だからだ。しかも、とびきり「力」をもっている官僚政治家でないとこうはいかない。岸はそれができた。岸の「力」のゆえに「金」が集まった。これが、岸の言う「政治は力であり、金だ」ということの内容なのである。

やや舌足らずな言い方ではあるが、『黒幕研究』の高田清がいうとおりだ。高田はこう書いている。

「岸の濾過器は、大仰にいえば、常に国家の歴史的必然性といったような美名に擁護される〝国益〟を発想の土壌にしており、濾過器として機能するのは〝国益〟のために創案されたという〝政府の政策〟によって潤う全産業界なのだ。岸は単純な〝口きき〟で企業に利益をあたえない。常に〝政策〟によって企業に莫大な利益を与えて来ているのだ。そうやって岸は、企業にまず〝貸し〟をつくり、その回収は、時間的不連続線上のアリバイが十分に出来た頃に堂々と〝政治献金〟として行うのだ(13)」

「国益」のためにつくられた「政策」によって独占的利益をえることができる企業が、そうした「政策」を立案、推進している政治家に進んで資金を提供する――これが岸流正統派の政治資金調達法なのだ。

それと、田中角栄的な「現金取引」とどっちが「構造的」だろうか。岸のほうが構造的である。岸のような黙っていてもカネが集まってくる真正権力者と違う成り上がりの田中角栄は、受託収賄のようなヤクザな手法を使うしかなかったのだ。

岸信介のダークサイド

もちろん、岸信介にも闇の部分はあった。

首相の座にあるときには、週刊誌に「歴代総理のうち、岸首相ほど〝金の出所〟に疑惑をもたれている人は少ない」と書かれたほどである[14]。事実、マスコミに取り上げられたり、あるいは国会で追及されたりした疑惑は多かった。だが、どれもこれも、見事にうやむやにされてしまった。「濾過器」は見事に働いたのだ。

もはや、それを蒸し返すことはすまい。ただ、どんな疑惑があったのか、列挙しておく。これらは嫌疑が晴れたわけではなく、真相が不明のままうやむやになったのだ。

一九五八年（昭和三三年）

千葉銀行事件——女性社長の融資で政界と地方銀行をつなぐ資金の深層海流の一部を垣間見せた事件。
グラマン・ロッキード事件——自衛隊次期主力戦闘機選定をめぐる岸を含む自民党幹部の汚職疑惑。
一九五九年（昭和三四年）
インドネシア賠償疑惑——賠償のために建造した船舶一〇隻中九隻を首相、運輸相と親しい業者が独占した疑惑。
熱海別荘疑惑——岸が熱海に建てた別荘が賠償問題にからんで提供されたものではないか、という疑惑。
一九六一年（昭和三六年）
武州鉄道疑惑——武州鉄道の鉄道敷設の許認可権をめぐる政治献金疑惑。
一九六六年（昭和四一年）
バノコン疑惑——バナナ、ノリにからむ莫大な利権に韓国ロビー、台湾ロビーの政治家が関与した疑惑。

岸が直接関係した疑惑だけでも、これだけある。フィリピン賠償疑惑、ヴェトナム賠償疑惑も入れてもいいかもしれない。その後も、ソウル地下鉄疑惑や日韓大陸棚協定をめぐる疑惑など、いわゆる「日韓構造汚職」が問題になったが、これらについても岸は逃げ切っている。
アンダーグラウンドの世界とのつながりも、いろいろと取り沙汰されてきた。だが、それにも岸が直接からむことはなかった。保守合同のときのカネ問題をさばいた三木武吉のように「岸君にヤクザ稼業をさしちゃいかん。ヤクザは俺がやる」と裏の汚れ役を引き受ける者がまわりにいたからだ。[15]岸が直接からむ場合も、たいていは巣鴨時代の戦犯仲間、児玉誉士夫、笹川良一を媒介にしたものだった。

また、デイビット・E・カプランとアレック・デュブロは『ヤクザ　ニッポン的地下犯罪帝国と右翼』で「岸は、戦前の右翼とヤクザの同盟のそうそうたる一群全員が中央舞台へ復帰するのに力を貸し、何とか彼らの復帰をやりとげてしまった」と書いている。そして、それを受け継いだのが「岸と児玉の支持を受けて自民党副総裁の座を占めた」大野伴睦だった、という。そして、大野が神戸の広域暴力団本多会会長・平田勝市の襲名披露宴でおこなった挨拶を紹介している。大野は、こういっている。

「政治家と任侠の道を歩むものは職業こそ違えど、どちらにも共通するものが一つある。それは、義理人情という信条に献身することである。……我々の国をより良くしていくために任侠の道にさらに精進していただきますようお祈りして、私のお祝いの言葉といたします[16]」

岸が退陣したとき、この大野伴睦に後継総裁を約束した念書を渡していたことが問題になった。この念書は、一九五九年（昭和三四年）一月、岸が自民党総裁選で再選を勝ち取るために書いたものだが、このとき仲介者として児玉誉士夫が同席していた。そして、岸はそれを反古にしたのだ。後継総裁には池田勇人が選ばれた。

池田総裁の就任パーティで岸は荒牧退助という男に太股を刺された。この荒牧は、児玉誉士夫系の右翼団体・大化会に所属していた右翼だった。大野とも面識があり、世話になったこともあった。海原清兵衛という大野系自民党院外団の顔役の下で働いていた。この事件は、大野の報復という見方が強いが、むしろ大野の無念さを汲みながら、裏社会のドン児玉が仲介して成立した念書を無視したことに対する裏社会からの警告だったと見たほうがいいのではないか。[17]

もちろん、岸は、このあと大野にではなく、裏社会に対して、しかるべく手を打ったにちがいない。右翼、ヤクザが岸に手を出すことは二度となかった。

職業としての政治

ここで、ちょっと横道に入るが、安倍晋三が、この念書問題をめぐってのべている政治家の「心情倫理」と「責任倫理」の問題にふれておこう。といっても、これは必ずしも横道ではない。岸と安倍の政治姿勢の問題、政治家の倫理をどう考えているかという問題に関わっているからである。

安倍は、前に見たように、この念書を渡しながら実行しなかったことについて、「私はその後、読んだマックス・ウェーバーの『職業としての政治』で、『祖父の判断はやむをえなかった』との結論に至りました。祖父の判断は、心情倫理としては問題があります。しかし、責任倫理としては『吉田安全保障条約を改定する』という課題を見事に成就しています。とくに政治家は、結果責任が問われます」と言っている。

ここでは、一般論として、

「政治家の行動は心情倫理ではなく責任倫理において見られるべきだ」

「政治家の倫理とは結果責任を果たすことだ」

という二つのことが言われている。それが、カッコつけにマックス・ヴェーバーという権威を持ち出しながら、あたかも理念的な問題であるかのように言われている。

しかし、そうだろうか。

裏社会の人間の立会いで大野伴睦に後継総裁を約束しながら反古にしたという問題は、なんらの理念的問題も含んでいない。それは単に権謀術数の問題である。

また、理念的問題として安倍が言っている二つのことはまちがっている。

「心情倫理」(Gesinnungsethik《ゲジーヌングスエティク》)「責任倫理」(Verantwortungsethik《フェアアントヴォルトゥングスエティク》)というのは、マックス・ヴェーバーが『職業としての政治』で定立した概念である。ヴェーバーによれば、心情倫理というのは、行為の結果よりも、行為の動機、行為そのものがもつ固有な価値を問題にし、その行為をなす心情が純粋であるかどうかを問題にする態度である。また責任倫理というのは、人間というのは不完全なものだから、心情の純粋性を基準に行動すればうまくいくというものではない、したがって予測可能な範囲での結果に対してのみ責任を引き受けるべきだという態度である。

それでは、「政治家の行動は心情倫理ではなく責任倫理において見られるべきだ」ろうか。ヴェーバーはそんなことは言っていない。ヴェーバーは、むしろ、相反する態度を要求する心情倫理と責任倫理との二つの間に立ちながら、その緊張に生きるのが政治家のありかたであるべきだ、と言っているのだ。

心情倫理だけでも邪路に陥り、責任倫理だけでもみずからの内面を維持できない。だから、「結果に対する責任を本当に深く感じ、責任倫理に従って行為している成熟した人間——老若を問いません——が、或る一点で、『私はこうするより仕方がありません。私はここに立っています』と申しますなら……この限りにおいて、心情倫理と責任倫理とは絶対的な対立物ではなく、むしろ、両者が相互に補い合って『政治への天職』を持ち得る真の人間を創り出すのであります」[18]とヴェーバーは言っているのだ。もともと宗教改革者マルティン・ルッターのいった言葉である「私はこうするより仕方がありません。私はここに立っています」という、その一点において、心情倫理と責任倫理を統一しうる人間、そういう人間こそが政治への天職をもっている、というのがヴェーバーの結論なのだ。

当然、このように心情倫理と統一された責任倫理において、「責任」というのは単なる「結果責任」ではありえない。単なる結果責任は、心情倫理と対立しているかぎりでの責任倫理における、いまだ限定された責任なのである。そのような、予測可能な範囲に安住しながら結果が良ければ……ということではなくて、価値と心情の問題を含む人間にとって予測不可能な領域に対しても、すべてを独りで負おうとする責任なのだ。それは深く内面的なものなのである。だからこそ、ヴェーバーは、「何事に対しても『それにもかかわらず』[dennoch《デンノッホ》]と言える自信のある人、そういう人だけが、政治への『天職』[Beruf《ベルーフ》『召命』のこと]を持っているのであります」という言葉でこの講演を結んでいるのだ。

安倍さん、あなたがヴェーバーを持ち出されたために、こんな話をしなければならなくなったのだ。せっかくだから、訊いておきたい、あなたは、「私はこうするより仕方がありません。私はここに立っています」という一点をおもちだろうか。「それにもかかわらず」といいうる召命をもっておられるのだろうか。

総理になられたのだから、そこのところの分別を、是非ともよろしくお願いしたいのである。

岸信介は、そうしたものをもっていなかった。岸はこういっている。

「政治というのは、いかに動機がよくても結果が悪ければだめだと思うんだ。場合によっては動機が悪くても結果がよければいいんだと思う。これが政治の本質じゃないかと思うんです」[19]

安倍のようにヴェーバーなんかを持ちださないだけ、いっそ率直でいい。だが、この政治姿勢ではだめだ。これでは、ポリティクス（政治）ではなくてエンジニアリング（工学）ではないか。だから、人間を人的資源と見てしまう。民主主義を単なる手続と見てしまう。ここに、きわめて有能な権威主義的テクノクラート官僚であった岸信介が陥らざるをえなかった官僚政治家としての根本的欠陥が見えている。

大衆を愛せなかった政治家

それは、岸の大衆観、民衆観とも結びついている。彼の大衆、民衆に対する見方には、自分はエンジニアで彼らは資源だというエンジニアリングの発想が滲み出ているのだ。

首相に就任して一か月ほど経ったばかりの一九五七年（昭和三二年）三月、岸は漫画家の清水崑と対談した。このときの岸の言葉を村上兵衛と岩川隆の二人が、それぞれの岸論で問題にしている。そ

の対談で岸は、

「ソツがないでしょ。もと役人をしていた関係上、国会の答弁でも、ソツがない、ソツがないとよくいわれるんですけれども、やはり持味でね。ソツがあるようにやろうと思っても……。しかしまあなんですな、大衆が納得し、理解するのは理屈だけではいけませんな」

という。これに対して、清水が、

「ぼくはその〝大衆〟という言葉を、一段高いところからおっしゃるのはよくないと思います」

とたしなめる。すると、岸は破顔一笑して、

「ヒヤー、やられた。まったくそうだ。演説をやるにしても、マイクがあるのにガンガン怒鳴る人がいるけれども、あれは、考えねばいけませんね。演技をね」

と答えたのである。(20)

村上兵衛も岩川隆も、この「演技」発言を問題にしている。

岸には統治の対象としての大衆しか見えていないのだ。

別のところでいっているように、「天皇は明治憲法の下では、数を超越していたんだから……政治においてこの陛下の力を用いる手があったわけです。戦後は、それはない。……戦後は数が重要だ」(21)というのが戦前・戦後の違いについての岸の認識なのだ。大衆は、戦前の天皇が統治の道具であったように、道具として、数としてしか見られていない。だから、演技でだまさなければならない。

戦前、戦後を通じて岸と行動をともにし、安保改定のときには自衛隊治安出動を拒んだ赤城宗徳元

防衛庁長官は、岸を評して、

「頭がよくて行政をテキパキと片づける能力があり官僚政治家としては立派だね。だけど民衆政治家ではない。大衆に対する愛情がない。度胸、先の見通しといったことにはすべて欠けるところがないが、人情味がないんだな。

彼の政治路線も占領政策を是正しようとしたのはいい。だが、そういいながら対米一辺倒の路線を取ってきた。私はこれは矛盾していると思いますね(22)」

と語っている。

大衆に対する愛情がない。大衆は、みずからの国家構想に翼賛させる数に過ぎない。だから、政権を担当していたときに、最低賃金法や国民年金法を制定したのも、安倍晋三がいっているような「貧しい人々を助けようと権力に近づいていく」ことから出たものではない。逆である。「権力を行使するために貧しい人たちに近づいていく」のである。そして「演技」するのである。

だから、先の大戦についても、みずからの戦争指導者としての責任を、人間に対する生々しい責任として感じることがない。感じようとすることがないのだ。

自身、幼年学校、陸軍士官学校出身で近衛連隊大尉だった評論家の村上兵衛は、その岸信介論を次のような感想で結んでいる。

「私はドイツの記録映画『十三階段への道』を観たとき、アウシュヴィッツを訪れたアイゼンハウアー軍司令官が、一瞬こちらをふりかえったクローズアップの一齣《ひとこま》をたいへん印象深く記憶している。その鷲のように見ひらかれた眼には、戦争とくに現代戦争によってひきおこされる人間の残虐の極みにたいして、はげしい悲しみと怒りが燃え、それに耐えているさまがうかがわれた。それは、私のみの感想ではなく、たまたまこの映画を一緒に見た友人も、少なくともアイクが戦争のなんであるかを深く洞察したであろうこと、そして今日もなお折にふれてそのことを考えつづけているであろうことを、期せずしていわば直覚的に印象したのだった。

私たちはこれを日本の代表者である岸信介の眼とくらべて、どうだろうか、と語りあった。そして、私は気づいたのであるが、岸信介の政治的経歴をつうじて一貫してものの見事に欠けていたものは、この『真摯さ』でなかっただろうか――と[23]。

そして、その眼に、村上のいう「真摯さ」がないのは、政治家岸にとって、生きて苦しむ人間がまず脳裏に描かれるということがなかったからではないだろうか。そこに悲しみを、怒りを感ずることから出発することがなかったからではないか。そこに「私はこうするより仕方がありません。私はここに立っています」という一点をおくことがなかったからではないか。

岸復権で試されているもの

これは、岸個人の問題ではない。保革を問わず、いまにいたるも日本のほとんどの政治家に共通している問題である。そして、それを生み出し、それを許してきたわれわれの問題である。

いま、岸復権が意味するものは何か。

さまざまあるだろうが、その中心は、われわれがふたたび「演技される数」にされようとしているところにあるのではないか。

戦前、日本を統治するのはわれわれではなかった。「大日本帝国ハ萬世一系ノ天皇之ヲ統治ス」（大日本帝国憲法第一条）具体的には天皇の名代としてエリート、テクノクラートが統治行為をおこない、われらは統治されて動員された。

戦後、日本を統治するのはわれわれになったのだ。「日本国民は……ここに主権が国民に存することを宣言し……」（日本国憲法前文）だれかに統治してもらうのではない。われわれ自身がわれわれ自身を統治する。われわれが選んだ代表が暴走するなら、われわれは起って、これを倒す。かくて四十数年前、「独裁の力」に頼るものは「民主の力」によって倒された。

このようにして発現された「民主の力」は、権力の座にあるものに永く恐れられてきた。

しかし、いつのまにか、われわれは、この「民主の力」の遺産の上に眠るものになっていったのではないか。民主主義が自己統治だということが忘れられようとしている。そして、それにともなって、われわれはなめられはじめたのだ。

特にこの五年、われわれは「小泉劇場」なるものに誘い入れられ、パフォーマンス劇の演技を見て喜ぶ観客にされてきた。そういうふうにして、「演技される数」に甘んじているうちに、次なる劇場の座付き脚本家が書いたシナリオが岸復権なのだ。

われわれのなかに眠っている「民主の力」が試されている。

(1) 岸信介「日本の政治動向」、『フォーリン・アフェアーズ』一九六五年一〇月号。前掲・NHK取材班『戦後50年その時日本は　第1巻』p.372
(2) 都留重人『日本経済の奇跡は終わった』(毎日新聞社、一九七八年)参照。
(3) 新藤榮一『戦後の原像　ヒロシマからオキナワへ』(岩波書店、一九九九年)p.212
(4) 企画院と経済安定本部との連続性については、前掲・小林英夫『満州と自民党』pp.96-116参照。
(5) 同前p.138
(6) 同前p.156
(7) 同前p.131
(8) 村上兵衛「岸信介言行録」、『現代教養全集23　戦後の政治』(筑摩書房、一九六〇年)p.235
(9) 前掲・吉本重義『岸信介傳』p.157
(10) 堀越作治『戦後政治13の証言』(朝日新聞社、一九八九年)p.86
(11) 生出寿『政治家辻政信の最後』(光人社、一九九〇年)第十一章「岸信介を撃つ奇襲作戦」参照。
(12) 前掲・岸信介・矢次一夫・伊藤隆『岸信介の回想』p.67
(13) 前掲・『黒幕研究』2、p.17
(14) 「岸首相の財産目録」、『週刊新潮』一九五九年三月三〇日号

（15）前掲・『黒幕研究』2、p.60

（16）以上、前掲・デイビット・E・カプラン／アレック・デュプロ〔松井道男訳〕『ヤクザ　ニッポン的地下犯罪帝国と右翼』pp.112-113

（17）岸襲撃事件をめぐる右翼・裏社会と政治家との関連については、正延哲士『総理を刺す―右翼・ヤクザと政治家たち―』（三一書房、一九九一年）を参照。

（18）マックス・ヴェーバー〔清水幾太郎・清水禮子訳〕『職業としての政治』、世界の大思想3＝ウェーバー政治・社会論集（河出書房新社、一九七三年）p.430　ただし、「信念倫理」という訳語を「心情倫理」に変えて引用した。

（19）前掲・原彬久編『岸信介証言録』p.36

（20）前掲・岩川隆『巨魁　岸信介研究』p.176

（21）前掲・原彬久編『岸信介証言録』p.367

（22）前掲・岩見隆夫『岸信介―昭和の革命家―』p.147

（23）前掲・村上兵衛「岸信介言行録」pp.240-241　傍点は原文のまま。

第八章　虎を画いてならずんば
――安倍晋三は何を継ぐのか――

岸信介と安倍晋三

われわれは、かなり細かいところまで分け入って、「昭和の妖怪」岸信介とは何者だったのかを追求してきた。これで、安倍晋三が継ごうとしている祖父が何をやってきたどんな人間だったのかは、明らかになってきたのではないか。

ここで問題になるのは、ではこのような岸信介の何を安倍は継ごうとしているのか、ということだ。岸が首相になったときのことを考えてみよう。

一九五〇年代の保守政治には、それまでふたつのヴァージョンがあった。憲法擁護・軽武装・日米同盟の吉田茂ヴァージョン、憲法改正・再軍備・自主外交の鳩山一郎ヴァージョンである。それに対して、岸信介は、吉田から「日米同盟」を引き継ぎ、鳩山から「改憲」を引き継いで、改憲・対等の日米同盟というヴァージョンで出てきたのだった。

安倍晋三はどうか。

「新たな時代を切り開くにふさわしい憲法の制定」を掲げている。そして、「戦後レジームから新たな船出をすべきだ。新憲法を制定するためリーダーシップを発揮していく」と胸を張っている。「世界とアジアのための日米同盟強化」を掲げている。そして、「日米双方がともに汗をかく体制」を確立するとして、対等の日米同盟をめざしている。

そのかぎりでは、岸ヴァージョンと同じである。しかし、岸が首相になった一九五七年と安倍が首相になった二〇〇六年とでは、内外の状況があまりに違う。その違いを超えて、そのまま引き継げるものではない。

しかも、岸信介と安倍晋三とでは、パーソナリティ、キャラクターがまるで違う。それなのに、岸と安倍を二重写しにしようという力が、安倍周辺に働いているのはなぜか。

そのことを明らかにするためには、安倍晋三とはどういう男なのかを見ておかなければならない。

目立たない若者

安倍晋三の略歴をざっと見ておこう。

安倍晋三は一九五四年九月二一日、東京で安倍晋太郎、洋子の次男として生まれた。首相になったいま、五二歳になりたてということになる。

小学校から大学まで成蹊学園で過ごす。本人は、成蹊学園広報誌のインタビューに答えて「祖父の岸信介元首相が成蹊への入学を推奨した」と明かしている（「朝日新聞」二〇〇六年八月二五日）。小学校四年生から二年間ほど当時東大の学生だった平沢勝栄衆院議員が安倍の家庭教師をつとめた。平沢はいま「北朝鮮による拉致問題等に関する特別委員会」の委員長をやっている。

成蹊高校時代に安倍の同級生だったある友人は、存在感の薄いことで逆に安倍のことを覚えている。「アレが岸の孫なんだって」と聞いたときはすぐには信じられなかった。友人は別の大学に進学した。

「当時、ウチの高校ではちょっと目立つ者はみんなそうでしたよ」

自民党総裁選で安倍晋三がほぼ独走態勢に入ったころから、安倍をヨイショする出版物が目立つようになった。その中の一つ『ドキュメント安倍晋三』（講談社）の著者野上忠興は、共同通信の現役時代に安倍晋太郎の番記者だった。そんな関係で安倍家の内情に詳しい。晋三に対しては非常に好意的だ。若いころから「優しくて」「決断力」のある「ブレない」男だった、として描き上げようとしているのだが、それでもそこに紹介されているいくつかのエピソードは、必ずしも著者の意図に添ったものになっていないようだ。

幼稚園に行くため近くのバス停まで家人におんぶをねだったり、中学生になってもその女性の布団にもぐりこんできたり、といったエピソードなどを知ると、びっくりしてしまう。家人の証言によれば、晋三は「生まれながらにして健常者より腸が短いという内蔵欠陥があり、腹部の調子を崩すことが多く、そのため痩せていた」。だから、大学時代はアーチェリー（洋弓）部に所属したが、腕力と背筋力が運動についていけず結局ものにはならなかった。そのころから真っ赤なイタリア製の車・アルファロメオを乗り回していたという。

四年になってからは体育会会計局長をやった。中学、高校時代の部活は地理研究部。研究部といっても、旅行の好きな連中が集まっては「どこに行くか」相談する程度の活動だったらしい。不思議なことにここでも晋三は会計係をやっている。野上は「お金の扱いを託されるということは、それだけ安倍が信頼されていたからだ」との級友の言葉を紹介し、安倍晋三を持ち上げようとしているが、これでは贔屓の引き倒しではないか。普通、中学・高校時代の「会計係」は、だいたい「目立たない」「地味な」ヤツと相場が決まっていた。

大学卒業後の安倍は南カリフォルニア大学に留学などブラブラしたあとで神戸製鋼入社。ニューヨーク支社勤めまではよかったが、帰国して加古川工場の現場に転勤したときは相当辛かったらしい。労働のきつさに耐えられず、数ヶ月間「静養」のため現場から消えたこともあったという。周囲には「蒸発」に見えたらしい。

べつの安倍〈ヨイショ本〉（『安倍晋三物語』山際澄夫、恒文社）は、神戸製鋼を退社する際のことを紹介している。安倍がいかに会社に馴染み、普通の社員として溶け込んでいたか。親しみのもてる人物であったか――。

「神戸製鋼を辞めるときの、総理の孫が、総裁候補（当時、安倍晋太郎）の息子がどんなふうに会社に溶け込んでいたのかを知る格好のエピソードがある。いよいよ会社を辞めることになって、父親の仕事を助けると言ったら、『辞めて鉄工所でも手伝うのか』と(上司に)大真面目で訊かれたという」

ということは、安倍晋三が「政治家を志している」などとは誰も思えなかった、信じられなかった、ということか。山際はこんなエピソードを紹介している。

「岸番の古い政治記者にいわせると、岸が晋三の政治家への道について語ることは少なかったという。あるいは政治家は晋太郎で終わりだと思ったかもしれない」

よほど目立たない若者だったのだろう。

神戸製鋼退社後、安倍晋三は当時外務大臣だった安倍晋太郎の秘書になる。

安倍晋三「わたしの原点」

安倍晋三のキャラクターを知るうえで、彼の初めての単著『美しい国へ』は参考になる。この本は、政治家として総理大臣としての「親しみやすさ」を大衆向けに分かりやすく直接アピールしようとして書かれたものだ。安倍は本書の「あとがき」で書いている。

「本書は、いわゆる政策提言のための本ではない。わたしが十代、二十代の頃、どんなことを考えていたか、わたしの生まれたこの国に対してどんな感情を抱いていたか、そしていま、政治家としてどう行動すべきなのか、を正直につづったものだ。だから若い人たちに読んでほしいと思って書いた」

たしかに第一章「わたしの原点」では、安倍の一〇代から二〇代にかけての体験、思いなどが中心に書かれている。政治家や成功した経済人の自伝や半生記が数あるなかで、これほど本人の人物像が浮かび上がってこないものは読んだことがない。それはおそらく他人との関係がいっさい出てこないことからくるのだろう。多感な青春期だったら友人の一人や二人登場するのが自然だ。だがそうした友人も、恩師ともいうべき人物もいっさい出てこない。

それにしても「生い立ち」の中で出てくるのは祖父岸信介と自分の父母のことだけ、というのはいかにも寂しい。七〇年安保の高校時代、祖父から聞いていた安保条約の知識をもとに先生を「やりこめた」体験が自慢げに紹介されているだけ。

家庭教師だった平沢勝栄には強烈な記憶があるという。

「安倍氏を自分が通う東大の駒場祭に連れて行ったときのことだ。騒然としたキャンパス内には、当時の佐藤栄作内閣を批判する立て看板があふれ、学生たちは『反佐藤』を叫んでいた。安倍氏は成蹊学園とは対極のような駒場の雰囲気に驚き、『どうして反佐藤なの？』と何度も尋ねてきた」（前出「朝日新聞」）。

安倍晋三の「毛並み」はまちがいなくいい。だが、若い頃の安倍のエピソードを知るとき、どうしても「ひ弱さ」「箱入り」「凡庸」といったイメージが浮かんできてしまうのは、いかんともしがたい。敬愛する祖父が首席で東大を卒業し、二〇代のうちに抜群の有能さをもって商工省をリードする官僚への道を歩んでいったのに比べると、いかにもその「普通さ」が際だつ。

それでも父親のもとで一〇年間秘書生活をしたのち、一九九三年（平成五年）、衆議院議員に初当選して政治家の道を歩み始める。じつに三八歳になった年であった。

議員としてはそう目立った仕事もしていないが、安倍の名が俄然世間で知られるようになったのは、朝鮮民主主義人民共和国（北朝鮮）による日本人拉致問題が話題にのぼったころからだ。一九九七年（平成九年）、「北朝鮮による拉致被害者家族連絡会」（家族会）の発足にあわせて、安倍は「北朝鮮拉致疑惑日本人救援議員連盟」（旧拉致議連）を立ち上げた。その辺の事情は『美しい国へ』第二章「自立する国家」で自慢げに自身が語っている。拉致家族との信頼関係を構築できていたのは唯一自分だった、と。本書の中でいちばん力が入っている部分だ。

このころから、かつての目立たない若者は、一挙に時代の寵児になったかのように階段を駆け上がっていく。北朝鮮への強硬姿勢が「国民的人気」となって、二〇〇三年（平成一五年）九月、自民党幹事長に就任。翌年の参議院選挙では目標（五一議席）を達成できず（四九議席）、引き際の悪い〈引責〉辞任をするが、そのすぐあとで副幹事長に復帰する。そして二〇〇五年（平成一七年）一〇月、第三次小泉改造内閣で官房長官に就任した。二〇〇六年（平成一八年）九月、自民党総裁に就任、内閣総理大臣に。

「闘う政治家」なるもの

安倍は『美しい国へ』の「はじめに」で書いている。

「『闘う政治家』とは、ここ一番、国家のため、国民のためとあれば、批判を恐れず行動する政治家のことである。『闘わない政治家』とは『あなたのいうことは正しい』と同調はするものの、けっして批判の矢面には立とうとしない政治家だ」

あとでも触れるが、この数行の中でのポイントは「批判」である。政治家は批判をおそれてはいけない。これまでの政治家は批判をおそれてすぐに妥協してきた。その繰り返しの結果、いいことは何もなかった。自分はそうではないぞ、という宣言である。

本書の小見出しを上げるとこんな調子だ。

「千万人といえども吾ゆかん」

「たじろがず、批判を覚悟で臨む」

「相手のつくった土俵で戦えば勝てない」

要するに、やたら勇ましいのである。

世間が驚いたのは、二〇〇二年（平成一四年）五月、安倍が官房副長官だったときのことである。

「サンデー毎日」二〇〇二年六月二日号は特集記事「政界激震　安倍晋三官房副長官が語ったものすごい中身——核兵器の使用は違憲ではない」を掲載した。その年九月の小泉訪朝、金正日総書記との会談の四か月ほど前のことである。

特集記事は、安倍がこの年の五月、早稲田大学で行った講演内容を報道したものである。そこで安倍は「ものすごい」ことを語っていた。田原総一朗が「有事法制ができても北朝鮮のミサイル基地は攻撃できないでしょう？　先制攻撃だから」というのに対して、こう答えた。

「いやいや、違うんです。先制攻撃はしませんよ。しかし、先制攻撃を完全には否定はしていないのですけれども、要するに『攻撃に着手したのは攻撃』とみなすんです。……この基地をたたくことはできるんです」

つづけてこんなことも言っている。

「大陸間弾道弾、戦略ミサイルで都市を狙うというのはダメですよ。（しかし）日本に撃ってくるミサイルを撃つということは、これはできます。その時に、例えばこれは非核三原則があるからやりませんけれども、戦術核を使うということは昭和三五年の岸総理答弁で『違憲ではない』という答弁がされています」

要するにここで安倍晋三は、ミサイル燃料注入段階で攻撃しても専守防衛であり、攻撃は兵士が行くと派兵になるが、ミサイルを撃ち込むのは問題ない。日本はそのためにＩＣＢＭを持てるし、憲法上問題はない、小型核兵器なら核保有はもちろん核使用も憲法上認められている、とぶち上げたのだった。「ＩＣＢＭは攻撃兵器だから持てない」という政府見解にも反する発言だった。

やけに勇ましい「超タカ派」若手政治家が、その後一挙に総理の座に駆け上がっていく跳躍台になったのは、前記小泉訪朝の一か月後の出来事であった。北朝鮮による拉致被害者五人が帰国した。

「二週間」程度ならという合意で帰国したのだったが、安倍は政府の中で「国家の意志として、五人は戻さないと表明すべきである」と強硬に主張した。『美しい国へ』で安倍は「最終的にわたしの判断で『国家の意志として五人を帰さない』という方針を決めた」と書いている。「相手のつくった土俵で戦えば勝てない」。しかし、これは辛うじてつながっていた対話の糸を切ってしまうことだった。

これは交渉によって問題の解決をはかるという、これまでの外交の常識を破るものであり、拉致問題の最終的解決にとって禍根を残すことになった。物事の解決とは、当事者が何らかの形で「合意」するほかかない。これはどんなに嫌いな相手とでも、批判のある対象とでも、どうしてもたどらなければならない道だ。だが、その後の展開は日本政府による一方的な「制裁」が拡大していくこととなった。「懲らしめる」「やっつける」「叩き伏せる」以外のことを言うヤツも敵だと言わんばかりだ。安倍晋三の「闘う政治家」とはエンドレスの「闘い」に大衆を呼び込もうということなのか。

だが、こうした強引な手法に、メディアは競い合って拍手を送り、国民もまた政府の態度を支持した。安倍が自負するように「闘う政治家」のイメージはこのころにできあがったといえよう。

こうして、最近の発言では、さらにいくつかのグレードアップをしている。

「侵略戦争をどう定義づけるか、学問的にまだ確定しているとはいえないのではないか」という侵略戦争概念再検討論。

「誘導弾等による攻撃を防ぐために他に手段がないと認められる限りにおいて、誘導弾等の基地をたたくことも可能」という敵地先制攻撃論。

……

教育問題での強圧的態度は北朝鮮に対するそれと勝るとも劣らない。

『美しい国へ』第七章「教育の再生」では激しい言葉が並ぶ。安倍が描く「教育改革」の内容がどのようなものかについては、ここでは詳しくはふれられないが、その高揚した調子だけを見ておこう。

「国に対して誇りをもっているか」と小見出しで問いかけ、日本の高校生の半分しか誇りを持っていないアンケート数字を嘆く。いったいどうしたことか！

「教育の目的は、志ある国民を育て、品格ある国家をつくることだ。そして教育の再興は国家の任である」「義務教育の構造改革は、まず国が目標を設定し、法律などの基盤を整備する」。喫緊の課題は学力の向上だが「学力調査の結果が悪い学校には支援措置を講じ、それでも改善が見られない場合は、教員の入れ替えなどを強制的におこなえるようにすべきだろう」「ダメ教師には辞めていただく」「教員免許の更新制度を導入するのもひとつの方法ではないか」「ぜひ実施したいと思っているのは……学校評価制度の導入である。学力ばかりでなく、学校の管理運営、生徒指導の状況などを国の監査官が評価する仕組みだ。問題校には、文科相が教職員の入れ替えや、民営への移管を命じることができるようにする」

「国が」「国家が」「評価」「命ずる」「強制的に」「入れ替える」「監査官」……第七章ではこうした言葉が、イギリスやアメリカの例を引きながら充満していると言ってもいい。自分が総理大臣になったら「やりたい」ことを、これほどあけすけに、露骨に、それだけ正直に吐露した文章を、なんと呼んだらいいのだろうか。日本の教育の制度も人員も〈総入れ替え〉したい、自分の手で。はやり立つ息づかいが伝わってくるようなのだ。

これは一〇代、二〇代のころの「目立たない」「凡庸」さとはひと味もふた味も変身した安倍晋三の姿である。

何が安倍晋三を駆り立てるのか

本書のはじめに書いた。じつは安倍には自信がない、「闘う」ポーズは自信のなさの現れだ、と。それは別の言い方もできるかもしれない。

彼には長い間の鬱憤があった、と思うのだ。その鬱憤には二種ある。

一つは普通の人間が通常抱く、容姿とか学歴とかの〈コンプレックス〉と呼ばれるものだ。立派な家系をもち、うなるほどの財産をもち、ベストドレッサーに選ばれるほどの容姿をもって、そのうえ「国民的人気」まであって、どうして？　と普通の人間は考える。しかし、それは逆なのだと思う。名家であるがための、その一員でありつづけることの被圧迫感。

筆者の友人には東大出身の者がいろいろいる。官僚になり出世コースを歩いた者。〈中程度〉の学者になった者。おそらく「東大出」がその男には何の意味も持たなかっただろうと思われる〈落ちこぼれ〉。それぞれ学生時代から周囲の期待は大きかったと思われる。そんな中にあって、たまに本人は東大で弟は京大、姉はいわゆる〈一流私学〉、父親は東大、といったなかなかの学歴者をそろえた家族があったりする。こうした現象は、不思議としか言いようがない。

たまたま父親が東大、兄弟も東大ばかりという中にあって、本人だけが有名私学という友人がいた。あるとき偶然に、本人の痛切な内心を覗いてしまったことがある。「期待される」ことよりも「当たり前」という雰囲気の方がどれだけ本人にはプレッシャーであったことか。おそらく安倍晋三は尊敬する岸信介が「当たり前」と思ったようにはいかなかった。安倍家にとっても同様だっただろう。「目立たない若者」であった安倍にとって、そのこと自体が人生の蹉跌だったのではないか、そう推測されるのだ。

こうしたたぐいの鬱憤にはそれをぶつける〈対象〉がない。だからその爆発は不条理なものである。そうであるがゆえに生涯消えることはないだろう。国家の最高権力者となったところで衰弱するものでもないだろう。かえって燃えさかるものかもしれない。それが不条理というものだからだ。「闘う」ポーズの背後に、「信念」の装いをした鬱憤が、ちらちらと見え隠れしているように思えるのだ。

もう一つの鬱憤。それはこうした世俗的なものではない。強いて言えば社会的・政治的なもの。それは幼いころは茫漠としたものだったことだろう。社会全体によって、自分が（自分たちが）不当に押し込められているといったものではないかと思う。

『美しい国へ』のオビには書名以上の大きな文字で「自信と誇りのもてる日本へ」とある。裏返せば、安倍晋三にとってこの国は、長い間「自信」も「誇り」も持てない国だったということか。これは強烈な被圧迫感に通じる。『美しい国へ』を一読し、安倍晋三にこの種の強烈な被害者意識があることに驚かされた。この男の意外な内心、恨みにも通ずる執念、暗鬱とした情熱が随所で感じ取られたのだ。

この本の中で、安倍は自分が大学に入ったころ（一九七〇年代初期）の「世の中の雰囲気」は「革新＝善玉、保守＝悪玉」であったと書いている。「マスコミも、学界も論壇も、進歩的文化人に占められていた」。これらの勢力によって、保守は革新によって追いつめられていた、というわけである。常識的にみてそんなことはありえない、と私は思うのだが。

また、安倍は本書の中でもさまざまな対談や講演のなかでも、六〇年安保当時のことを話している。「母とわたしたち二人（の子ども）は、社旗を立てた新聞社の車にそうっと乗せてもらって、祖父の家にいった」

連日のようにデモ隊が押し寄せてきた岸邸の中で閉じこめられていた記憶。自分たちは〈地響きをたてる大衆〉によって包囲されている。祖父は「死」を覚悟して安保改定に臨んだ、とも別のところで話している。いまは懐かしい記憶のように語っているようではあるが、幼い心にひとつのトラウマのように残ったとしても不思議ではない。

祖父は日本にとって片務的であった安保条約を双務的なものにした。何一つ日本にとって悪いことではないはずなのに、当時のマスコミはこれを非難した。大衆はまったく祖父の偉業を理解しようとしなかった。「進歩的文化人」はそれを煽った。

拉致問題のときもそうだった、と安倍は記す。

当初「拉致被害者の救出をいいたてる議員は、自民党の中でも少数派だった」。自分が「五人を北朝鮮に戻さない」と決定したとき、「あのときマスコミは、かならずしも（わたしを）支持しなかった」。「ある新聞」はさかんに自分に対する反論を展開した。「〈知と情〉論で政府を攻撃」したのがマスコミだった。「マスコミは拉致問題の解明に消極的だった」「かつての日本の植民地支配の歴史をもちだして、正面からの批判を避けよう」とした――。

安倍の感覚は世間のそれとはずいぶんズレているようだ。二〇〇二年（平成一四年）の時点でマスコミは政府に対して攻撃的だった？　むしろ逆ではなかったか。メディアはこぞって政府に対し「北」へ強硬姿勢を要求したのではなかったか。ある高名な作家は「一旦は五人を〈北〉に戻したら」と発言するのに身の危険を感じていた。

安倍の思考法は攻撃的なようでいてじつは「受け身的」である。首相の靖国参拝が外交問題化するきっかけをつくったのは日本のマスコミだと言わんばかりなのだ。

一九八五年（昭和六〇年）八月一五日、当時の中曽根首相が靖国参拝をする一週間前のことについて、彼はこう書いている。

「朝日新聞が次のような記事を載せた。『(靖国参拝問題を)中国は厳しい視線で凝視している』。日本の世論がどちらのほうを向いているかについて、つねに関心をはらっている中国政府が、この報道に反応しないわけがなかった」

そのあとに中国の日本政府の姿勢、歴史認識に対する非難が始まり、日中間の緊張が起こったのだから、外交問題化の原因となったのは首相が参拝したからではなく、それを新聞が報道したからだというのである。唖然とするばかりだ。

だが、安倍はおそらく本気なのである。彼の内心の論理ではすべてがつじつまが合っているのだ。「悪い」ことはすべて自分の〈外〉からやってくる。この場合は事実を報道した「朝日」が悪い。瞬時にアタマの構造が替わってしまうようなのだ。それほどに習慣的な安倍晋三特有の思考法のように思われる。

彼は〈敵〉を求めている。「闘い」の相手を求めている。安倍晋三にとってのキーワードは自分への「批判」「攻撃」である。自分を被害者に仕立て上げ、その上で〈加害者〉に反撃を加える。「批判を恐れずに行動する」、安倍が本書の中で何度も繰り返しているこのフレーズはそのような構造を持っている。そして彼にとっての〈加害者〉は、『美しい国へ』の中で全編にわたって展開され、嫌悪感とともに指弾されている「進歩的文化人」であり、「一部マスコミ」であり、「戦後革新」であり、彼ら「左翼」が作り上げたさまざまな戦後システムなのだ。

安倍晋三に被圧迫感をもたらす究極のものは憲法である。彼は書いている。

「わが国の安全保障と憲法との乖離を解釈でしのぐのは、もはや限界にある」

自分は自民党とともに現行憲法の許容範囲でやってきた。何とか解釈によって、日本の安全保障のために闘ってきた。でも、もう自分は限界だと思う。「自衛隊が日本人を守れない現実」も「制限だらけの自衛隊の行動基準」も、もう我慢ならない。

自民党は結党宣言で「自主憲法の制定」を掲げた。それは祖父の夢であった。しかし、その夢は裏切られ続けてきた。しかし、ついに鬱憤を晴らすときがきた。「誇り」と「自信」を獲得するときが来た——解き放たれた高揚感の中に、いま、安倍晋三はいる。

劇場と化した時代に

「敵」を仕立て上げてこれを打ち倒すパフォーマンスは小泉政治がその先例をつくった。自民党が圧勝した二〇〇五年総選挙のさなかの小泉首相の演説で、聴衆が盛り上がったのは、「郵便局の公務員が多すぎる」「なぜこの仕事を民間に回すことが悪いのか」と絶叫するときだったという。公務員はラクをしている、このさい厳しい民間の波に洗ってもらう必要がある。郵便局の民営化を突破口にして「小さな政府」をつくり、すべてを民間の自由競争にまかせればこの国の活気が甦ってくる。みなさんは苦しい思いをしている。しかし、世の中にはラクをしている者たちがいる。この不公正を正すのが「改革」だ——そんな演説が、聴衆のなかにある閉塞感や鬱憤を、一時的ではあれ晴らしたのだった。小泉劇場がいちばん盛り上がった瞬間だった。

こうした小泉の手法は、あえて世の中に少数の「敵」を設定し、巧みなメディア操作によって「敵」を孤立させて「多数派」を形成するというものだった。これは大衆を劇場の観客にし主役のサポーターにしてしまう手法だった。

安倍晋三の手法もどうやらこれと似ている。この手法においては、血祭りに上げる対象はそうたくさんは要らない。できれば少ない方がいい。社会的に少数派が格好だ。北朝鮮と朝鮮総連に対する締め上げのドラマでは自分はどうやら成功した。拍手喝采をもらった。おかげで総裁選レースに勝てたようなものだ。

つぎにサポーターたちが喜びそうな〈生け贄〉はどこにいるか。ジェンダーフリーを主張している者たちか。靖国参拝に異議を唱える「変わり者」の政治家か。しつこく自分を批判する「一部マスコミ」か。彼らをやっつけるためには観客が喜びそうなスキャンダルも用意した方がいいかもしれない。サポーターの喝采と〈生け贄〉への嘲笑が同時にわき起こるようなドラマのストーリーをつくれ。もっともっとたくさんつくれ。

振り返ってみれば、安倍総理の誕生過程が一つの劇場でありドラマだったともいえるだろう。メディアは早い時期から「小泉後継」は誰になるか、予測記事を流し続け、人気度調査を発表し、〈ランナー〉たちの談話やちょっとした「こぼれ話」を垂れ流し、その代わり何一つ大事なことは議論されないまま、最後は「消化試合」だと言ってこのレースの花道を仕立てた。「政策論議が足りなかったですね」とコメンテーターが顔をしかめる。それもまたドラマのうちだったのだ。

こうしていくつもの小劇場を積み重ねていってどうにもならない流れをつくればいい。そのころには、辺見庸もいうように「劇を喜ばない者たちにはシニシズムが蔓延」していることだろう。

だが、こうした劇場型政治の蔓延は、他方において政治家たちをもしばるのだ。劇場政治の面白さを知りこれに慣れた民衆は、もっと「分かりやすい」、もっと「魂を揺さぶる」、もっと「刺激的な」劇場を要求するようになる。メディアは劇場の興行がうま味のある商売だと知った。興行を打ってくれ、ネタを教えてくれと声を上げる。持ちつ持たれつの関係。これは政治家もまた劇場から逃れられないことを意味するのだ。観客が芝居をつくる。それは政治家たちがサポーターの熱狂を無視できなくなるということでもある。「アンコール！」の声に満面の笑みで再登場する役者たちのように。

凡庸の危うさ

こうした時代に、本質的には凡庸だが、「自信」と「誇り」のために「闘う」ことを使命とした一人の男が総理になった。こういうことかもしれないのだ。劇場型政治の時代に、もしかしたらこの男のキャラクターと凡庸さが、時代の風潮にマッチしているかもしれない、と。

凡庸であるがゆえの粗雑さ、これは「単純明快」を求め、迂遠な説明を嫌う観客のニーズに合っている。凡庸であるがゆえの無教養、これは間違いだらけの「歴史認識」に満足した観衆の水準にこそふさわしい。「闘うポーズ」、これは強者の側に寄り添いたいと願うサポーター心理をくすぐる。攻撃の対象に向かっていくときの野蛮、それは凡庸な大衆に向けられた従順へのメッセージでもある。いうまでもなく、凡庸であるがゆえの危うさもある。彼には決定的に想像力が不足している。

少しだけ例をあげよう。

『美しい国へ』で自慢げに紹介しているアメリカ児童文学の古典『大草原の小さな家』のことだ。安倍は「貧しいけれど、頼りになるお父さんとお母さんがいて、みんなして助け合って暮らす開拓農家の物語である」と、本書を絶賛している。たしかに小さな家族が艱難辛苦を乗り越えていく物語はうるわしい。しかし「インディアンは土地を耕さない。だから土地を持つ必要はない」と信じ切っていたこの家族には、彼ら白人たちの〈開拓〉によって、生きるべき大地を奪われていく先住民族の悲しみや怒りはついに理解することはできなかった。安倍晋三にそれを理解せよと望むのはどだい無理な話かもしれないが。

「ナショナリズム」「国家の意思」「大義」を語るときの安倍は、オクタープブが一段と高くなるようである。

「国のために死ぬことを宿命づけられた特攻隊の若者たちは、敵艦にむかって何を思い、なんといって、散っていったのだろうか」。(彼らには)「自らの死を意味あるものにし、自らの生を永遠のものにしようとの意志もあった。それを可能にするのが大義に殉じることではなかったか」。「死を目前にした瞬間、愛しい人のことを想いつつも、日本という国の悠久の歴史が続くことを願ったのである」。「たしかに自分の命は大切なものである。しかし、ときにはそれをなげうっても守る価値が存在するのだ」……

安倍晋三はいま、舞台の上で陶酔の境地にあるのだろうか。これだけ繰り返し、あけすけに、若者たちに向かって「死ぬ」ことの積極性、「死ぬ」ことの価値を呼びかける首相が堂々と登場したことは、心底驚くべきことだ。彼は特攻隊員の遺書を読み、そこに若者が自死することによって「国の悠久の歴史が続くことを願った」〈遺志〉をくみとろうとした。しかし、死に際し「悠久の歴史」が続くことを願わないでは「死ぬこともできなかった」若者の絶対的絶望を、それだけに悲劇的な死を、安倍晋三は想像することさえできないだろう。凡庸とは、死者の尊厳をサラリと切り捨ててなお平然と舞台に上がろうとする粗雑な感性と表裏のものである。

安倍政権は劇場政治から生まれた。こうした社会の到来を岸信介は想像もしなかったことだろう。岸信介の孫の時代は祖父が生きて活躍した時代とは根本的に様相が異なる時代になってきているのである。彼らはこの劇場の時代に岸信介をどう継承するのか。

安倍晋三と〈安倍的なるもの〉

安倍晋三には何人かのブレーンがいるようだ。

朝日新聞二〇〇六年八月二九日は、同年六月末に開かれたブレーンたちによる定例会合について明かした。ブレーンとして名の上がった者は、岡崎久彦（元・駐タイ大使）、中西輝政（京都大学教授）、八木秀次（高崎経済大学教授、「つくる会」会長を務めた）、西岡力（「北朝鮮に拉致された日本人を救出するための全国協議会（救う会）」副会長）。

記事の中で、ブレーンと安倍晋三との関係について内幕がはからずも明かされていて興味深い。その会合では「A4判5枚の文書が配られた。外交専門誌『フォーリン・アフェアーズ』に寄せるための安倍晋三氏の草稿だった」。そこではブレーンの一人から一文の挿入提案があり、安倍がそれに同意したことなどが記されている。「ただ、ブレーンの関与が事前に表面化したことで、寄稿は断念した」。

安倍晋三本人と〈安倍的なるもの〉を演出するブレーンたちとの関係は相当密接なようである。おそらくこの両者は助け合い補い合って劇場型政治の時代を乗り切っていこうとするのだろう。だが、岸の政治的DNAだけでは処理しきれない問題が発生してくることはまちがいない。そのとき〈安倍的なるもの〉がどのようにして安倍本人を支えていくか。そこはまだ未知数なところが多い。

安倍晋三と岸信介の関係について、こんなエピソードがある。「毎日新聞」二〇〇六年九月二日付で報じられていた。

二〇〇一年（平成一三年）九・一一の同時多発テロのあと、元警察官僚で危機管理問題の専門家である佐々淳行（元内閣安全保障室長）が、当時官房副長官だった安倍晋三に、憲法前文を根拠として使って、自衛隊の国際貢献をする途がある、と進言した。それを聞いた警察官僚の元締で佐々の元上司だった後藤田正晴（元副総理）が、佐々を強くいさめたという。そのとき、後藤田はこういった。

「おまえ、安倍に変なことを吹き込むんじゃないよ。岸の影響を心配しているんだ。おまえには岸信介の恐ろしさが分っていない」


中国の古典、十八史略の東漢光武帝の項に、

「虎を画《えが》いて成らずんば、反《かえ》って狗《いぬ》に類するなり」

という言葉がある。

虎の画を描いてうまくいかないと、まるで狗の画みたいになってしまうことがある。そうなってしまったら物笑いの種になるだけだ。

俺は虎だぞといきがっても、実質がともなわないと、まるで狗みたいになってしまうだけだ。そうなったら、物笑いの種になるだけではない。もっと恐ろしいことになる。

その資質がない者が英雄豪傑気質を気取ると大変なことになる――そういって、馬援が兄の子を戒めた言葉である。

安倍晋三総理、みずからを虎に画くのはおやめになったらどうか。

あなたのお祖父さんは、たしかに虎だった。後藤田さんがいっていたように、かなり恐ろしい虎だった。でも、あなたは虎ではない。虎にはなれない。虎になる必要もない。それなのに、ブレーン

たちがあなたの耳に吹き込むささやきにしたがって、みずからを虎に画いたなら、どうなるか。あなたは狗になってしまうのだ。

そうして、自分が虎だと思い込んでいる狗が、まわりに住んでいる動物たちに吠えかかっているうちに、ほんとうの虎が出てきたらどうするのだろうか。そのときは、われわれが自分のいのちをかけて、その虎と闘わなければならないのだ。

それは、みずからが一匹の虎であったあなたのお祖父さんが、われわれの父母、祖父母に強いたことであった。それによって何百万人がいのちを失い、何千万人がくらしを失ったことか。一度目は悲劇として、二度目は喜劇としてなのか。われらの祖父母は悲劇のうちに死に、われらは喜劇のうちに死ぬのか。

安倍さん、あなたは、それを継ぐのか。

〈参考文献〉

岸信介関係の文献は数多いが、本書を書くうえで引用するなど特に参照した文献を以下に挙げる。本文中で引用していない文献もあるし、引用した文献でも挙げていないものもある。また、インターネット上の情報については多数に及ぶので略した。配列は編著者名五十音順。

＊

安倍晋三『美しい国へ』（文春文庫、二〇〇六年）
安倍晋三・岡崎久彦『この国を守る決意』（扶桑社、二〇〇四年）
安倍洋子『わたしの安倍晋太郎　岸信介の娘として』（ネスコ、一九九二年）
岩川隆『巨魁　岸信介研究』（徳間文庫、一九八二年、初版はダイヤモンド社、一九七七年）
岩見隆夫『岸信介―昭和の革命家―』（学陽書房人物文庫、一九九九年）〔『昭和の妖怪　岸信介』（朝日ソノラマ、一九九四年）を補筆、改題したもの〕
臼井吉見編『現代教養全集23　戦後の政治』（筑摩書房、一九六〇年）〔村上兵衛「岸信介言行録」（書き下ろし）収録〕
NHK取材班『戦後50年その時日本は　第1巻』（日本放送出版協会、一九九五年）〔「60年安保と岸信

介・秘められた改憲構想」収録]
生出寿『「政治家」辻政信の最後』（光人社、一九九〇年）
大下英治『安倍晋三　安倍家三代』（徳間書店、二〇〇四年）
太田尚樹『満州裏史』（講談社、二〇〇五年）
大日向一郎『岸政権・一二四一日』（行政問題研究所出版局、一九八五年）
加瀬みき『大統領宛日本国首相の極秘ファイル』（毎日新聞社、一九九九年）
デイビット・E・カプラン／アレック・デュプロ［松井道男訳］『ヤクザ　ニッポン的地下犯罪帝国と右翼』（第三書館、一九九一年）
神島二郎編『現代日本思想大系10　権力の思想』（筑摩書房、一九六五年）［特に橋川文三「革新官僚」、奥村喜和男「変革期日本の政治経済」］
姜尚中・吉田司『そして、憲法九条は。』（晶文社、二〇〇六年）
岸信介『岸信介回顧録　保守合同と安保改定』（広済堂、一九八三年）
岸信介・矢次一夫・伊藤隆『岸信介の回想』（文藝春秋、一九八一年）
北一輝『国体論及び純正社会主義』（著作集第一巻、みすず書房、一九五九年）
北一輝『支那革命外史』『国家改造案原理大綱』（著作集第二巻、みすず書房、一九五九年）
倉橋正直『日本の阿片戦略』（共栄書房、一九九六年）
小林英夫『「大東亜共栄圏」の形成と崩壊』（御茶の水書房、増補版二〇〇六年、初版一九七五年）
小林英夫『昭和ファシストの群像』（校倉書房、一九八四年）

小林英夫『超官僚　日本株式会社をデザインした男たち』（徳間書店、一九九五年）
小林英夫『満州と自民党』（新潮新書、二〇〇五年）
佐野真一『阿片王―満州の夜と霧―』（新潮社、二〇〇五年）
塩田潮『岸信介』（講談社、一九九六年）
高碕達之助『満州の終焉』（実業之日本社、一九五三年）
高田清ほか『黒幕研究』２（新國民社、一九七七年）［高田清「岸信介の原点」収録］
武田徹『偽満州国論』（中公文庫、二〇〇五年、初版は河出書房新社、一九九五年）
田中惣五郎『日本ファシズム史』（河出書房新社、一九六〇年）
田原総一郎『日本の戦後［上］私たちは間違っていたか』（講談社、二〇〇三年）
長尾龍一『思想としての日本憲法史』（信山社出版、一九九七年）［特に「帝国憲法と国家総動員法」］
中村隆英・宮崎正康『岸信介政権と高度成長』（東洋経済新報社、二〇〇三年）
日本評論新社編『洋々乎　美濃部洋次追悼録』（日本評論新社、一九五四年）
野上忠興『ドキュメント安倍晋三』（講談社、二〇〇六年）
橋川文三『近代日本政治思想の諸相』（未来社、一九六八年）［神島二郎編『現代日本思想大系10　権力の思想』掲載の「革新官僚」を「新官僚の政治思想」と改題して収録］
橋川文三編『現代日本思想大系21　大川周明集』（筑摩書房、一九七五年）
橋川文三編『現代日本思想大系31　超国家主義』（筑摩書房、一九六四年）
原彬久『岸信介―権勢の政治家―』（岩波新書、一九九五年）

原彬久編『岸信介証言録』（毎日新聞社、二〇〇三年）
春名幹男『秘密のファイル』下巻（新潮文庫、二〇〇三年、初版は共同通信社、二〇〇〇年）
藤田省三ほか『近代日本思想史講座Ⅰ　歴史的概観』（筑摩書房、一九五九年）［特に藤田省三「天皇制のファシズム化とその論理構造」］
保阪正康・冨森叡児ほか『昭和——戦争と天皇と三島由紀夫』（朝日新聞社、二〇〇五年）
細川護貞『情報天皇に達せず』上下巻（同光社磯部書房、一九五三年）
細川隆一郎『日本宰相列伝20　岸信介』（時事通信社、一九八六年）
堀越作治『戦後政治13の証言』（朝日新聞社、一九八九年）
毎日新聞社編『最新昭和史事典』（毎日新聞社、一九八六年）
正延哲士『総理を刺す—右翼・ヤクザと政治家たち—』（三一書房、一九九一年）
武藤富男『私と満州国』（文藝春秋、一九八八年）
山際澄夫『安倍晋三物語』（恒文社、二〇〇三年）
山際澄夫『安倍晋三と「宰相の資格」』（小学館文庫、二〇〇六年）［右の『安倍晋三物語』の文庫新版］
山室信一『キメラ　満洲国の肖像』（中公新書、一九九三年、増補版二〇〇四年）
山本一太『なぜいま安倍晋三なのか』（リヨン社、二〇〇六年）
吉本重義『岸信介傳』（東洋書館、一九五七年）
渡辺昭夫編『戦後日本の宰相たち』（中公文庫、二〇〇一年、初版は中央公論社、一九九五年）［北岡伸一「岸信介—野心と挫折—」を収録］

渡辺治『現代日本の帝国主義化　形成と構造』（大月書店、一九九六年）〔特に「岸信介の帝国主義復活政策とその挫折」の章節〕

＊

安倍晋三・福田和也「岸信介の復活」、『諸君！』二〇〇三年九月号
安倍晋三・猪野直樹「日本よ、『新しい国へ』！」、『週刊ポスト』二〇〇六年一月一三・二〇日号
伊藤整「岸信介氏における人間の研究」、『中央公論』一九六〇年八月号
藤島宇内「岸信介氏における戦争犯罪の研究」上・中・中続・下、『潮』一九七二年五月号〜八月号
藤島宇内「日本の黒幕・岸信介の研究」、『潮』一九七六年四月号
星野直樹「岸信介来り又去る」、『文藝春秋』一九五七年一〇月号
吉田司「「岸信介」を受け継ぐ安倍晋三の危うい知性」、『現代』二〇〇六年九月号
吉原公一郎「岸信介・対米コンプレックスの亡霊」、『現代の眼』一九六六年

むすびにかえて　グッドバイ劇場型政治

宮崎　学

岸の時代の政治と安倍の時代の政治

私は「岸を倒せ！」の声を聞いて「政治」の「セ」にめざめ、「佐藤を倒せ！」と叫びながら、「政治」の「ジ」のどんづまりまで行ったクチだ。この兄弟には若いころにずいぶんとお世話になったわけである。中学三年のとき、安保反対で生まれて初めてデモに行き、学生運動で日韓闘争、ヴェトナム反戦、学園闘争、七〇年安保と佐藤内閣打倒を叫びつづけて果たさず、逆に運動が崩壊していったのだった。

思えば、あのころは、政治が厚みと重みをそなえた実質をもっていた。その実質は生活のリアティに結びついていた。政治とは、生々しい欲望が織りなす利害関係が権力という最高の装置をめぐって死闘を展開するものだった。六〇年安保のデモの波はその重量を飲み込んだが、七〇年安保のわれわれはその重量に跳ね返された。いずれにしても、岸に反対するかどうか、佐藤に反対するかどうかということは、その実質とリアリティを自分で背負うということだった。といっても、けっして大仰なことではない。それが普通に「生きる」ということだったのだ。

ところが、いまはどうだ。小泉を支持するかどうか、安倍を支持するかどうかは、ジーコとオシムのどっちがいいか、いやむしろトルシエのほうがよかったんじゃないか、というのとほとんど変わらない問題になっている。

安倍政権の薄っぺらさと危なっかしさ

安倍の政権構想『美しい国、日本。』はたった四ページのぺらぺらの冊子だった。この薄さが安倍政権の薄っぺらさを象徴している。しかも、中を見ていくと、やたら形容句が羅列されて、「そういう国をつくりたい」といっている。「文化・伝統・自然・歴史を大切にする」国、「世界に信頼され、尊敬され、リーダーシップのある、オープンな」国などといった具合だ。イメージが氾濫するばかりで、中身のない作文だ。

中心は「改憲」と「日米同盟強化」である。その点では、確かに岸路線の復活だけれど、それにも、岸の言っていた改憲のような腹にこたえる実質が感じられない。ここにも、「21世紀の日本の国家像にふさわしい新たな」憲法というような空疎な形容がやたらに重ねられている。中身のなさを形容を重ねてごまかしている厚化粧政権構想である。

どうして、こういうことになるのか。

安倍のブレーンとされる連中の顔ぶれを見たら、わかる。京大の中西輝政、高崎経済大の八木秀次、東京基督教大の西岡力……頭の中のイデオロギーから出発する人間ばかりだ。現実から出発して政策を組み立てていくというのではなくて、イデオロギーから出発して現実を裁断していくネオコンと共通した姿勢が強すぎる。それが政権構想のパンフレットにあらわれており、また安倍政権の危うさにつながっている。

小泉には、一種の直観力があった。ヤクザっぽい洞察力があった。ところが、安倍には、それさえない。鵜呑みにしてしまうところがある。だから、いかようにも吹き込めるのである。そこに、なんともいえない危なっかしさがある。こんな薄っぺらさと危なっかしさに満ちた政権がなぜできたのか。その理由は、小泉政権にさかのぼって考えてみなければならない。

劇場型宰相の条件

小泉政権の最大の罪はなんだったか。それは、靖国参拝に固執して中国・韓国との関係を悪くしたことでもなければ、構造改革の陰で格差を拡大したことでもなかった。政治のリアリティを喪失させたこと、これがなんといっても最大の罪だった。

小泉によって、日本の政治は、最終的にリアリティを失い、小泉の好きな安っぽいオペラのショーになってしまった。政治は、利害の対立や意見の対立が複雑に織りなされた筋書きのないドラマではなくて、悪玉と善玉がいるだけで、話が単純でわかりやすく、展開がベタで、最後は善玉が勝って、みんなが溜飲を下げる、という三文オペラになってしまったのだ。これがいわゆる劇場型政治というやつである。

二〇〇五年九月の解散総選挙でもりあげて、郵政民営化を通したところで、さすがに新しいネタがなくなって、小泉退陣ということになった。さて、自民党はどうするか。気がついたら、すっかりスターの人気に頼る一座、スターが吹かせてくれるブームの風に乗ってやっていくことしかできない政党になってしまっていた。だから、どうしても、小泉に代わるスターが必要なのだ。ニューリーダーは必要ではない。ニュースターが必要なのだ。指導者はいらない。人気者がほしい。ニューリーダーは意見の闘争の中から台頭してくる。しかし、ニュースターは人気争いの中から浮上してくる。こうして出てきたのが安倍晋三なのだ。

安倍晋三には小泉劇場のバイプレーヤーとして培ってきた小泉に勝るとも劣らない人気がある。また、「北朝鮮との対決」という人気狂言を持っている。小泉の三文オペラは、国内「抵抗勢力」との戦いというドメスティックな格闘劇だったが、安倍のほうはインターナショナルでもっとわかりやすく、しかも日本人全体を味方につけられる。

二〇〇七年参議院選でいま自民党は不利である。また「風」がほしい。北朝鮮が地下核実験かテポドン発射をやってくれれば、安倍人気で大勝だ……北朝鮮がやらなくて、風が吹かず、安倍がこけたら……まちがいなく小泉純一郎再登場だ、と私らは読んでいる。それがいま日本を覆ってしまっている劇場型政治というものの、どうしようもない実相なのである。

政治のリアリティの再興

辺見庸は『いまここに在ることの恥』（毎日新聞社）の中で、小泉の劇場型政治について、「政治権力とメディアが合作したこの劇場の空気とは何だろうか。第一に、わかりやすいイメージや情緒が、迂遠ではあるけれど大切な論理を排除し、現在の出来事が記憶すべき過去（歴史）を塗りかえてしまうこと。第二に、あざとい政治劇を観る群衆から分析的思考を奪い、歓呼の声や嘲笑を伝染させて、劇を喜ばない者たちにはシニシズムを蔓延させたことであろう」と分析している。的確な分析である。

私は、生まれつき勉強が大好き（笑）なので、いろいろな研究会を主宰している。「近代の深層研究会」もその一つで、被差別民から見た近代とか、アウトローから見た近代とか、移民から見た近代とか、ちょっと変わった視点から日本の近代化を見直す試みをやってきた。岸信介を研究してみたのは、それらとは違って、権力者から見た近代ということになるわけだが、われわれは、それまで満州国や革新官僚の研究をやってきたから、戦前の岸にはおなじみだったし、岸がまったく無反省に、戦後も同じ路線でいったのに関心があったからだ。

そして、それを安倍晋三の登場と合わせて発表したのは、劇場型政治が安倍型ニューモデルに更新されるにあたり、そのモデルが倣おうとしている岸型モデルを、辺見が必要だといっている「論理」と「歴史」と「分析的思考」から全面的に検討しておこうと思ったからだ。私らは、野暮といわれるのを承知で、冷笑《シニシズム》や諧謔を極力廃して、真面目一本で本書に取り組んだ。そこには、劇場型政治につきものの情緒の乱舞とは正反対に、研究会メンバーの理性の情熱が込められているはずだ。劇場型政治に立ち向かうには、ここからだけではないが、しかしここから行くこともどうしても必要なのだ。私らは、それをやろうとした。

グッドバイ! 劇場型政治——政治のリアリティをとりもどすために。

〈著者略歴〉

宮崎　学（みやざき まなぶ）

1945 年京都市生まれ。早稲田大学法学部中退。

高校時代に共産党に入党し、早稲田大学時代は学生運動に邁進。

週刊誌記者、家業の土建・解体業を経て、戦後史の陰を駆け抜けてきた半生を綴った著『突破者』がベストセラーに。

ほかに『近代の奈落』（幻冬社文庫)、『万年東一』（角川書店)、『法と掟』（洋泉社）など多数。

http://miyazakimanabu.com/

安倍晋三の敬愛する祖父　岸信介

2006 年 9 月 30 日　初版第 1 刷発行

著　者　　宮崎　学＋近代の深層研究会
発行者　　川上　徹
発行所　　同時代社
〒101-0065　東京都千代田区西神田 2-7-6　川合ビル
電話 03(3261)3149　FAX 03(3261)3237

装　幀　　閏月社
制　作　　いりす
印　刷　　モリモト印刷株式会社

ISBN4-88683-586-4